长安文心书系

草木光景

刘云 ㊔

陕西新华出版传媒集团
陕西人民出版社

图书在版编目（CIP）数据

草木光景 / 刘云著. — 西安 ：陕西人民出版社，2020. 12

ISBN 978 – 7 – 224 – 13848 – 1

Ⅰ. ①草… Ⅱ. ①刘… Ⅲ. ①散文集—中国—当代 Ⅳ. ①I267

中国版本图书馆 CIP 数据核字（2020）第 230658 号

主　　编： 宋亚萍
策　　划： 张孔明
责任编辑： 左　文
整体设计： 杨亚强
绘画导师： 曹　刚
绘　　画： 蒋懿琰

草木光景

CAOMU GUANGJING

作　　者　刘　云
出版发行　陕西新华出版传媒集团　陕西人民出版社
（西安市北大街 147 号　邮编：710003）
印　　刷　陕西汇丰印务有限公司
开　　本　889mm × 1194mm　1/32
印　　张　6. 125
字　　数　140 千字
版　　次　2020 年 12 月第 1 版
印　　次　2020 年 12 月第 1 次印刷
书　　号　ISBN 978 – 7 – 224 – 13848 – 1
定　　价　42. 00 元

目录

清水悠悠稻花香

陕南是清水的故乡。以前，外省人看陕西，总以为到处都是黄土高坡、尘土飞扬，男人都用粗瓷大海碗吃捞面，没有辣子醋就嘟嘟囔囔，女人用蓝花头巾包裹头面，只露出腮上两坨苹果红。很多人到了陕南，才晓得陕西也是绿的。三秦大地，陕南占三分之一。陕南是纯绿，黄土都掩在草棵子里、树林子里。田里的黄土叫清水泡着，长稻米，长莲藕，长鱼虾。坡上的黄土叫茶园、长藤蔓子的庄稼和花草掩着，长红苕，长洋芋，长魔芋，长蚂蚱，长糖蜂。走完了陕南，留下一个印象：陕南是清水的故乡。

陕南是泉眼组成的，陕南是河溪组成的，有草木的地方，就有清水。它们在地下冒出来，从山隙隙里渗出来，是一汪汪泉的眼睛；它们从林子出来，是一条条的溪。它们在山弯里聚成水滩，聚成池塘，不经意间也聚成一个大湖面了，湖岸边里就出落一处大镇子，随随便便一算年龄，竟是有了二百三百年高寿了。从秦岭南坡，到巴山北坡，一千七百多条河溪都有名有姓，它们都流进一条大江，江叫汉江，汉中的汉，汉字的汉，汉族的汉，庄稼汉的汉。汉江一江清水一直流着，它一直是清着，就是不改清颜色的江，见了汉江，才晓得陕南为什么是清水的故乡，这样一条清的大江，得汇聚多少清的泉眼啊！

汉调二黄中形容陕南的汉子，动不动就是上身着的是水汗衫，下身着一条水灯笼，脚上穿的是水草鞋。唱陕南的女子，就是上头两道水纹眉，下头一双水泉眼，嘴里两排水米牙，说出话儿水泱泱。又说，好看的女子踩着一道水凌波，两手划的是采莲波。二黄中的小唱段，都是陕南民歌的舞台化，如果听了真正的民间的水调子，三十八套曲子硬是把人唱成一条汉江，硬是把陕南唱成一个大湖泊、大堰塘。如果三月唱呢，陕南就是水田里的一片水光；如果是六月唱呢，陕南就是一片云山雾海；如果是冬月唱呢，陕南就是一脚厚的白雪把麦苗和油菜正好捂严实了。

谷雨时节唱，水稻的秧苗刚刚插进田里，田水还是浑的，秧苗才刚刚返青。隔几天就下一场的谷雨，像米粒子样撒进田里，让水也一晌浑过一晌。插上稻秧的水田最好看了，五六月到陕南看风景，最大的景致就是水田一片银白，川道的田是整片的大水面，让人疑惑，那些水是从哪里来的？进了山，看那些梯田，意思就有味了，一层一层的梯田驻着水和稻秧，是叠起来的，是一摞一摞的白绸子，是雪白的纸垛子。天上是蓝的，白云深远得古气。或者一早一晚的水汽从田里袅袅升起，像是田里正在煮新米粥。抓一把风闻上一闻，真有新米的清香。

看梯田，如今最方便的地方，就是汉阴县凤凰山窝子里的凤堰。一万多亩明清老梯田，齐齐驻上水，真是一架朝向太空凝望的大口径的射电望远镜。看着这景致，心中就生出诗意来，想它整日向深空发出的信息，一定集合了人类最简捷丰富的讯息，发往外太空：地球是绿色的，水、阳光、泥巴生长出最美味、最养人的食物——稻米。

凤堰明清老梯田，算起来都有三百多年的历史了，最早的文字记载，来自吴家花屋的家谱：第一代吴家人从湖湘移民到此，建起第一院茅草屋，开出第一抹子梯田，继而挖出第一口堰塘，从凤凰山汪出的清水注入第一株稻秧，长出第一代“凤堰米”。凤堰米从此养活了吴家大姓，也养活了凤堰五百多户人家。地方志上说，有清一代，凤堰米是贡米、督米、府米，每到收获，碾舂得雪白的米送到兴安府，送到长安城，由水路送到京城，有头有面的人吃了这米，据说就念记下了，若是明年过了中秋还未送来，没准八百里加急就来催了。兴安府每年都要派出一个口气硬的书办，到县里催米，督办用风车车米，用细箩筛米，那查收的米必是一粒一粒没有缺相的，米上的油皮没有损伤的，下锅都必定是要漂一层米油的。安康民间笑话：三年清知府，一肚子凤堰米。就是到了今天，安康城里老派的人户，讲究吃米，还是指着凤堰米：凤堰米，冷水米，油性。

凤堰米三百多年的老名头，如今还在凤堰的田里长着，只是长成了种田汉子的当家产业，长成了能干媳妇待客当家的主食。几年前，一个叫巨川的农业公司寻到这里，被眼前三月的泡水田惊异了，山青天高，风清气正，乡村恬静，以为时光倒流，从此扎下来专一和农民一起兴米。公司帮种帮肥，复兴老派种田，农民种田公司收稻，脱下的白米由公司销到远远近近的大城大都，最远销到港澳，上等白米卖到八十元一公斤。农民自卖也能卖到十几块钱一斤。从此，凤堰米贵，喜吃凤堰米的每年若是谋划迟了，贵贱买不上手，要吃那头道米也必得托了相好，提早预订。我有几个凤堰农民朋友，都是近两年在外务工返乡种田的。他们回来种起自家荒了多年的田，又租赁了别人家的闲田，每亩田种米收入五六千元，冬里再种一季油菜，巨川公司教他们在田里兴稻花鱼，养大泥鳅，我每与他们见面亲热，到田里手抓稻花鱼下酒，用大泥鳅煲酸辣汤解酒，说凤堰前后三百年的变迁，说他们一年四季种田的辛辛苦苦，直说得都荡气回肠起来，然后合着伙把我灌得透醉。秋天，我必到凤堰访朋友。说是采访新闻，其实就是想吃一吃新米干饭、新米粥。吴家花屋的后代们，开着专一做米食的农家乐，大铁锅蒸甑子饭，舂米糕，喝黑陶瓮盛放的米酒，酒喝高了，用清水米汤解酒，席间凤堰搞旅游接待的小媳妇喊来一班锣鼓响器，唱凤堰有名的花鼓子，都是唱水的，唱吴家先祖挖坡造田、筑塘搭堰的，唱一男一女两个小后生河边浣纱饮牛打情骂俏的，也唱蠢蠢的衙门老爷不识五谷，认不清稻秧、麦苗的，唱几个酸秀才跟吴家刚过门的新媳妇斗茶歌的，唱着唱着，那酒就醒了一半。腿挪不动了，就在吴家花屋的小木楼住一宿，半夜月亮爬上凤凰山尖，夜风吹得人饿馋着，此时此刻若有一碗油炒米饭吃着，就哪儿也不去了，就在凤堰做个种田汉子吧！

每年三月，我一定要去走一趟凤堰。在凤堰的小暖风中，听布谷唱春，看农民在田里耙田，清田坎，送农家肥。看庄稼把式在大堰塘用红公鸡和米酒祭谷神，然后扒开堰口引水灌田。不用三两天，凤堰的万亩梯田就驻足了清水，当水静下来、清下来，就反射了天光，凤堰山里清白的云朵就在田里飘。这个时候，泥脚最深厚的老秧母田里，稻秧正育着，一厢厢地排着队形，乌茵茵的秧苗见风长。我就把这田这秧拍摄下来，做一个报纸的头版，山外读报的看了这新闻的图片，就知道今年凤堰的米是按时兴下了。

山上槐花云中开

山是一座绿山，方圆有三四十里地。天晴的时候看山，山在一片瓦蓝中。雨天看山，山是纱窗前的黑剪影。有云雾了，山只能看见半截，那半截就在云里头。

山上有女娲的庙宇，有荒草中的碑碣，有风雨浸不透的老砖。这座山是旅游之地，每年都有游人上山来，给女娲烧香，在山上野餐。

山就叫个女娲山。山上半坡以下，是长松树的，四季都绿。夏天去到山上，要加衣裳。秋天上到山上，闻到的都是松脂味。半坡以上，遍生杂树，春天花开得热闹，各色的花，分不清是哪棵树开的。到了山顶，满是槐，像是人栽的，又像是野生的。大的碗口粗，再大的脚盆粗，细的叫刺槐，皮色好艳的叫金槐，槐把山顶遮没了，把山顶的人户院落遮没了，把雷达站的营房也遮没了。

女娲山的槐在三月准开。春天，水汽从山脚下上升，像走人家，一程一程地爬山坡路。这时，半山下的李花、梨花、樱花、桃花，都次第开败了。山脚下，田里、坡地里的油菜花也败了。半山上的松树在抽嫩针。与松树伴生的栎树，结出它们的串串花，灰不丢丢的，要开不开的样子。就在此时，山顶上的槐开始起劲儿地开了。

槐在风中开，风把槐花香吹得四处都香透了。这个时候，山下城里的人，就上山踏春，看槐花。人是一群群的，五颜六色，城里人一来，山仿佛就睡醒了。槐开得热烈，有的开成紫花，有的开成粉花，多数开成雪白的花，一团一团地掩在细碎的绿叶间，细看又成了串儿。槐的香，凉凉的，一丝丝小风似的香，吸一口气，肺里要沉醉半晌。

城里人来看槐，叽叽喳喳地拣那粉嘟嘟的槐花往嘴里送，眯着眼慢慢嚼，也有夸张地大把大把地往嘴里捋。他们边吃边喊，吃春哩！他们在山上转累了，下山时经过营房，看见站岗的兵，招呼道：快来摘槐花吃呀！兵只是把微笑送给城里人。城里人说，在这里当兵真好，整天闻槐香，真是神仙兵呀！城里人要把摘得的槐花送给站岗的兵，兵不言语，愣愣的，兀自站立。城里人说，哦，兵有纪律哩！

山上的老乡有闲工夫了，也要采摘几回槐花回去吃鲜。有些人住得离营房近，到晌午饭香时，那槐花饭的香气就飘进营房里。老乡们都知道，兵不吃槐花。

这山高，高得四周的山都矮下去了，晴好的天气，从哪个角度看山顶的槐，都是要仰视的，那槐花似乎开在半空中。在蓝天的衬托下，槐花闪着星星般的光彩。雨天，没有人来看槐了，兵们站在营房的走廊里看，槐花是浮在半空中的。有小风吹过的时候，那些槐花与槐叶一起，响着细碎的沙沙声，像是小声地议论这些兵。天黑下来，兵看见槐只是黑黑的影，兵就听槐花与槐叶说话，只是声音小得稍不留神，就叫山风吹岔了。

夜深些了，一声熄灯号响，整个山顶静下来，兵们睡下了，槐花与槐叶们也静下来。兵们就小声地说槐。有人讲起吃槐，说关中北地呀，最喜春天里吃槐了，用槐花做成麦饭，或烙成麦面的槐籽饼，浇醋辣子水吃。讲究大口包圆了吃，使劲嚼，哽了，喝口小米粥就畅了。说这话的，是关中兵，或是甘肃兵，那些南方兵们，也知道槐花的事。不过他们说出来，没有关中、甘肃的豪放。南方兵说，槐花可以煲汤，加虾仁，或加紫菜，饭前吃，蛮好。关中兵、甘肃兵就笑话他们，说那样的吃法真叫个苕性，好端端把个主食吃成个零食了！这样的晚上，爱做梦的兵，梦里满是槐花香。

山上晴好的日子，时不时就起了风，风中的槐花香，直钻兵们的鼻子。三月的山上，青草半发不发的，农户的菜园子里，只有些老苍苍的葱、蒜在开花结籽，坡地里的早洋芋，蔓子还盖不严地垄子。每过半月，营房的大卡车就下山去城里拉一回菜蔬，萝卜、白菜、蒜苗、包包菜、去年窖的陕北洋芋，兵们卸下菜来，丢在炊事班的墙角里，那些菜早褪了水色，像牛啃过、羊踏过的。

那槐还在盛开哩，开得鲜灵。关中兵，或是甘肃兵，到底忍不住，一边卸菜，一边跟连长说，我们也去采些槐花吃个鲜吧，这老菜把人吃泼烦了，做个槐花汤喝也好哩！

连长不言语，兵就不说了。

第二天，关中兵或甘肃兵又跟指导员说，我们也去采些槐花，做一顿麦饭吃吧。指导员笑笑，不言语。连长恰好在一旁听到，就粗声地生气了，说，你们去站岗吧，站双岗，站两班！

其他的兵们都吐出舌头，半天缩不回去。

眼看着山顶的槐花就要开败了。城里人不上山来看景了，不来采摘槐花吃鲜了。风吹来，开败的槐花随了风落在地上，一片一片落进了营房里。兵们每天起床都要打扫半天，那槐花怎么也扫不干净，扫过了，还有沾在地上的，雪白的，粉红的，紫色的，像刚剖了鱼，地上都是鱼鳞。打扫的时候，兵悄悄捡几片槐花放进嘴里，抿半天，吐了，说，没味了，败了哩，就没味了！

连长远远地看他们，高声笑道：出息不出息呀！

又是一年槐花开了，我上山去采访兵。连长、指导员给我讲兵们的小故事。指导员就说到兵们梦中吃槐花的事。我半天反应不过来，说，不就是槐花吗，你不摘了吃，它还不是落了、败了。连长就呵呵笑，不言语。指导员说，咱连长呀，其实，也蛮想吃槐花。连长说，想，真的想，说到槐花就流口水！原来，连长也是关中兵，家在北边的塬上。关中的槐，就数塬上的旺相，平原上的槐，都是晚辈槐。连长说，这个时候关中就兴吃麦饭，苜蓿、老芹菜、荠荠菜、苋菜，槐花的最正宗，还不能是开全了的槐花，半开不开的，叫槐米，用麦面裹了，放在笼屉里蒸熟，用醋辣子水蘸着吃，受活，受活！

此时，虽然已经错过槐米了，但若要吃一吃鲜，还是可以入得口的。我说，可惜了一山的好槐花了，年年春天没人吃它们。连长说，有哩嘛，城里人来吃，山上的老乡们也吃哩。

半空里，槐花开得云霞一般，雪白的云，粉红的云，紫英英的云，都把香气送进营房里来了。我眼前出现大团大团的槐花，想着它们就这样在年年三月开，开在山顶上，开在营房旁，开在兵们的梦乡里。

下谷子的雨

春天让陕南具有弹性，树叶有皮肤感。水的温度明显上升，掬口溪里的清水喝，不牙疼。水分从地层下浸出地表，人的肚子迟早就有咕咕的水响。

雨意在云层下方，飘来飘去，不小心拂到脸上。陕南嘛，春天的雨并非贵似油，它就是屋檐下的露水，在太阳出来后滴下尘土，或随早上的风吹散到半空中去。

这时候，谷雨说来就来了。谷雨是节气，一般在阳历四月二十前后来。陕南谷雨，是专一为种谷而下的，三月来，四月来，看气候，看今年庄稼的安排。谷子需要下种了，那雨下的就是谷雨，陕南人说，这是下谷子的雨哩！如果大面积种下早谷子，谷雨说下早些吧，如果今年回茬面积大，谷雨就下迟些。

谷雨一定是在夜里下的。所有敏感的农人在睡梦中闻到了谷雨的气息，因为他身上的“劳伤”发了，骨节酸痛，肚子里咕咕的水响，越响声音越大，他不得不披着褂子下床，迷糊着摸到厕下滋一大泡热尿，然后回去再睡回笼觉。农人知道谷雨是不需要别人去照料的，有田接着它们，有土接着它们，有园子和菜蔬接着它们，有堰和渠接着它们。

谷雨一口气下个两三天，是常有的事。所以要紧的亲戚，一年中总要在谷雨前，走一走。若是正好赶上下雨了，亲戚们就坐在堂屋里，看着大门外的场院里，谷雨在地上溅出水花。然后，灶屋里的油下锅声，菜刀在案板上的嚓嚓声，包括灶洞里的火焰声，都能传到堂屋里。如果有老人抱着水烟袋抽完两支纸煤儿了，那一定是谷雨下得不紧不慢，都渗进田地里去，一点儿也没有糟践。

等到天放晴时，整个陕南就是一片水汪汪，你出门，所能看见的山、地、田、堰、渠、河沟，都涨了两指深的水了。有经验的农人，站在自家大门口，拿眼一望，就知道地里几成墒。一般讲，地里六成墒最好下种，七八成墒，可以翻水田，十成墒嘛，可以耙田、耥田，若是十二三成墒，谷雨就是下过性的，偏多了，陕南的黄泥地，要粘牛的脚了。

那就趁六成墒种豆子，下菜苗，黄豆、四季豆、扁豆，都可下到地里去。这样的墒土，不需要施底肥，一锄一窝一苗，掩实了，不出五日，就见苗了。待苗长得一拃高了，可以在天放晴时，施些粪水，这就算定根定苗了。所有在夏天里长的菜苗，都可以下到地里，可以直接下种子，可以从圃里起出育苗移栽。辣子、茄子、黄瓜、葫芦、南瓜、丝瓜、金瓜、苦瓜、西红柿，都该下田下地了。谷雨是水，更是肥，错过了谷雨，辣子不辣，黄瓜不甜，苦瓜不苦，茄子是个柴火头。

七八成墒呢，就正好下秧母田。把最肥厚的老母子田，犁得深透了，耙得平细了，起沟起垄，用抿子抿得镜面似的，把浸涨的谷种匀匀地撒到田母子上，然后，棚上篾，覆上膜。不出五七天，秧母田上，就出现了一层半指厚的星星米芽儿，雪白地间着青色，雪白的是细根芽，青的是细叶芽。

其实，秧母田，就是庄稼坐月子，庄稼把式照护得跟自己媳妇一般，不教缺了吃喝。不下雨了，天气一般是晴好的，也有阴天，气温却似慢火熬米汤，热劲儿是一天天见涨着。大正午的，要时不时地揭了篾棚上的膜，给苗透透气。早晚也要照看，若是有暖风一个劲地吹沟吹山吹田，该揭膜也得揭。不出月，那谷的苗，就水葱一般蹿得一拃高了，那苗的根系雪白里有了紫红，苗叶儿一色儿都是韭菜叶宽，叶间的筋纹是土金色，懂经的人一看，这厢秧母成了。

这下，乡下的农事就紧密了。早中晚，三歇连成一气了。牛都喂足了青草和精料。比如，用去年的黄豆壳包了成把的炒得半生的黄豆，有点儿像日本人的料理寿司，或者是安康的菜夹馍吧，牛吃了，胃里打出粮食嗝来。如果是上等牛，兴喂安康五里黄酒呵，用青竹筒子灌，正出劲的牛，该要灌上三五筒的，搁在人里头，相当于斤把酒量的汉子了。

晴好的天气里，是陕南犁田打坝的好日子。就算不出太阳，下着细毛毛雨，也要犁田打坝呀。这时候，节令不等人，秧母田的谷秧不等人，田里驻了的水不等人，就连田里沤的青肥，田里下的猪肥、牛粪也不等人。要把它们和田土田水一齐儿翻耙得细匀了，把一色儿清的田水，都耙成浑水，这才像个兴谷的样子。田坎要重新起新泥垒了，用钉耙儿起泥，用它们的四根银白的齿在坎上抿出纹路来。要抿得结实，待太阳一晒，就能下脚，就能种黄豆。田坎壁上的杂草都要片了去，用薅锄片，片出新土来，那些杂草正好片到田里沤肥。

犁田打坝都是硬活路，兴一等劳力做，讲究用暗劲儿，用脆劲，用一股子气势，所以这项活路被列为乡下的三大重活路之一，其他两项是背坡、上树。 做这样的活路，兴吃好的、喝好的。 除了过年，这个时节的好吃喝，是最讲究的了，插秧时看一户人家发旺不发旺，就看吃食办得好孬了。

那就吃硬菜、硬饭。 一天三顿饭，早上兴喝甜酒，吃汤圆、杠子馍，甜酒不光甜，还有十来酒度，喝这酒是要提劲儿的。 中午兴吃干饭，四荤四素，荤要见猪蹄髈，素要见青，莴笋、山笋，新胡豆、新洋芋。 早年乡下请劳力，兴看饭量，中午这一顿不海上三大碗饭，主人心里就犯嘀咕，嫌你力气不够。晚间，讲究吃一回酒，满桌子满碗，用一个大酒海盛苞谷酒，苞谷酒讲浑色，不浑不酒，那浑的苞谷酒，都是在罐子里封了一大半年的，是去年腊月酿下的头子酒，专等着插秧时喝。 这吃酒讲究解一天的乏。 牛卸了犁了，也讲究吃一筒、两筒酒，然后卧在牛圈里吃夜草，反刍半晚上。

下谷子的雨，催着田里长出时髦的庄稼。 谷雨下过了，秧母长齐了，水汪汪的陕南，凡是田里驻着水的，都插上青碧的谷秧了。 谷雨到来的前后个把月，陕南的乡下出奇地人气见旺，人在田里，牛在田里，农家的炊烟像是远古的情景。 走再远的人，在再远的地方，只要陕南的谷雨下着了，他们就能闻到谷雨的气息，他们的驿马星就要动了，打上车票，坐火车，坐汽车，坐乡下跑短的拖拉机，回到陕南的乡下去。 他们看见谷雨下在自家的田地里，自家的菜园子里，下在房前屋后的水沟里，干了一冬的堰塘也满槽了满塘了，他们就知道这谷雨该生百谷哩。 他们把自家田里都插上新秧，在新田坎上种上黄豆，等着秋天再回来收割。

如花的乡愁

最早说出把土地种出花来的，是一对大学毕业的情侣。他们回到家乡，流转了一百多亩土地，种一种平凡而又骄傲的草：绞股蓝。这草在陕南乡下的田间地头、沟坡、溪涧普遍生长，是乡下一种不起眼的猪草。他们种植绞股蓝时，这草早已名声大作，在云贵一带，到陕南安康，这草入药入茶，被誉为“草人参”。

从小情侣到小夫妻，他们的爱情和婚姻也像这草，春种秋收，秋种春采。他们采绞股蓝盘曲如卷丝的芽尖，制成龙须茶；秋天，绞股蓝的藤蔓、根茎收割晒干，卖到中药厂，制成绞股蓝甙片。据说，这小小的片剂可以当人参吃。

绞股蓝花开如小米。那年我去采访他们时，正是绞股蓝把如米的小花开成田园里一片雪粒般的星空时。小夫妻俩种着五叶和七叶两种绞股蓝，五叶是甜蓝，七叶是苦蓝，甜的制茶，苦的制药。他们说，土地可以种出花来。脚下的土地是我的故土，我曾在这里生活工作了三十多年，她有一个好听的名字：平利。在我的记忆中，十万亩绞股蓝种植改变了这个农业大县的凡常人生，北纬三十一度线的神秘，让这里的绞股蓝成为中国最好的绞股蓝，平利因此有着中国绞股蓝大县的称号。

这个初夏的早上，阳光以折射的角度照亮我眼前一望无际的绞股蓝田园，如米的小花在阳光下闪动碎银般的光，那光是点状的，呈现钻石的品格，一种乡愁像晨雾袅袅升浮。

在陕南安康，土地被种出花来，是近五六年的事。 这小小的变化，是随着数年前一场油菜花节的旅游盛宴开始的。 在汉江支流的月河川道，十万亩油菜花每年春天以爆炸的色彩将整个安康染成纯金。 从那时起，安康每年的农事旅游由月河油菜花节开场，一直延续到深秋，花让安康四季富有色泽。 四五月间的油菜花，花香充满天地之间，那香是流动的，旅游的人走到哪里，哪里就跟随着油菜花香。 这是大地上的花香，也是餐桌上的花香。 安康的油菜花节让安康的热榨菜油名气再起：经过热锅翻炒，压机的挤压，保留了安康最老的热榨油坊的品质，而早在明清，安康菜油就由汉江水运下汉口，到江浙、上海，它们被南方人称为熟油，可比小磨香油。 在安康，人们习惯食用月河菜油，他们看着油菜怎样种下，怎样开花，怎样收获，怎样榨成油，他们相信安康干净的土地、清水、阳光成全了这人世间可亲可近的食用油。

凤凰山麓多年撂荒的坡地上，油茶树已经生长了近十年。茶花，茶油，是安康山地农事旅游的盛景，它也带来安康蜂蜜生产的盛景。 中华蜂勤劳的身影，如今在陕南安康有山、有林、有花的地方不歇地飞舞，仿佛一年四季都能产蜜。 茶花蜜、槐花蜜、海棠蜜、百草蜜，成为安康蜂蜜的骄傲。 茶花蜜产自安康五十万亩茶山，槐花蜜产自秦岭、巴山的中高山。 海棠蜜是宁陕县海棠园村方圆近百里的名产，这里海棠成林，纯粹的蜜源成就独特的海棠蜜。 而百草蜜，就是安康的草药蜜。 自古秦巴无闲草，百草百药，草药蜜以清新的药味示人，于是安康人喜欢说，这样的蜜包治百病。 五月端午节到了，安康人吃粽子讲究裹蜂蜜，那最讲究的蜜就是草药蜜。 一口草药蜜，让人想到山野的丰盈、天空的辽远、水声和鸟声的悦耳。 今年春天，我见识了一种羊脂蜜，那是在汉江边一个林果飘香的村子，一位返乡创业的汉子，在自家近百亩山楂林里试养山楂花蜜，那蜜在初夏时节依然结晶，色泽乳白，颗粒饱满，食之颇有山楂味，我们共同给这蜜取名“羊脂蜜”！

入夏，渐渐直射的阳光催开了安康的万亩油牡丹，它们往往以村的建制盛开，在数十个油牡丹专业村，古老的庄稼让位于花朵，花朵迎来游人，游人看到农民的笑脸。 油牡丹让土地变得金贵，在专业村，没有成整的闲田闲地，所有能种能收的地头，油牡丹汹涌地生长。 在安康，初夏时节你到十个县、区去，都能见到花开富态的油牡丹，你看到的是景，景看到的是你，留驻乡土的人们，看景也看你，这一切催生着人的乡愁，而乡愁只有两个字：喜兴。

上周末回乡小聚，朋友领我去看芍药谷。 这条长达三十余公里的荒沟，离县城十多公里，村民早已搬迁一空。 沟是一条清水叠瀑的沟，也是一条绿色堆砌的沟，进得沟去，冷气逼面，空气中有水丝飘浮。 一沟两岸的田地遍种芍药，变成一条芍药谷。 远自西安来的投资者，和当地农业合作社合作，正在这里兴建度假农庄。 他们改造农房，修建游山步道，把芍药种在目光可及的任何地方，着力打造一条花语之沟。 上到半山，车转山也转，眼前一片竹林中现出一个粉黛的山庄，远远就看见招牌：云山竹坞。我们在这山庄停步，享用一顿山野小餐。餐桌上都是这沟里的自产，竹笋、木耳、香菇、腊肉、乌鸡、火鸭、鳝鱼、野芹、火烧、半边菜、马齿苋，满屋散发着山里的野生气息，酒是自酿的苞谷酒，有一盘小土豆用红火灰烧熟了，剥皮蘸蜂蜜囫囵着吃，满口香气，一路滚烫着脏腑。山庄的主人夫妇，才三十来岁，他们是当地的返乡创业农民，把自己的老房子改造成山庄专事旅游接待。听他们讲，这山庄已投入近二百万元了。这是他们过去在外打工十余年的全部积攒。我们到时，山庄前的草坪上，已停了四五辆小车，客人们都操外地口音，相互一招呼，有安康来的，有西安来的。他们从安康的旅游网上，查到了这处山庄。

那天，山庄的男主人进城进货去了，女主人忙进忙出地招呼客人。女主人名叫陈晨，当她知道我是报社的，便送给我一本自己编印的山庄宣传画册，她给自己取了个笔名叫“左岸”，画册里的文字都出自她的手笔，我很惊奇，一攀谈，果然是个文艺青年。

小满过后，安康的月河川道、汉江谷地、南北二山，油菜收割了，小麦正在金黄，接茬上场的营养钵苞谷、水稻、露地菜蔬，再次以翠绿覆盖田地，庄稼花就要在夏天大面积上场。万亩明清老田的古凤堰，方圆二十多里的山间梯田早已驻水插上了水稻。油菜过后是水稻，这是凤堰的农事谱，他们种油菜，既为榨油，也为城里人来观赏；他们种水稻，则把水稻种出大品牌，稻下养鱼，是稻花鱼。凤堰米，是有机富硒米，远销大城市。在凤堰，一斤米能卖到五十元，这还是城里人提前订购的。一家来自广东的农业公司在此经营近十年了，他们和凤堰人一起，把田地种出金子，把凤堰种成秦巴山里有名的乡村旅游景点。

夏天，水稻和莲藕在安康的水田里次第开花，三十万亩水稻、十万亩莲花，这些纸上的数字，也写在田园上。它们以绿示人，以稻花香、莲花香示人，它们以一天三变的姿态向你提示着时间在农业的体内静静流动。早晨，它们勾勒晨光粗大的线条；正午，它们显示天地的云蒸霞蔚；晚间，它们目送太阳落山的背影。我行走安康城市乡间，常常感慨万千，世事如此变迁，我眼中的家乡农事依然蓬勃着，它让人留恋这片土地，感动这片土地上平凡的景致和温情的故事。

秋天到了！安康乡间的金针花采摘季结束了，它们以黄金般的品质告别春天的抽条发叶，在秋天收获花枝，带着阳光干燥的气息走向远方，也向远方带去这片土地上的骄傲。秋天，最后上场的是皇菊，它们同样以村的建制生长，在秋天的晴好的日子被采收。在观音河村，村上人给我说，他们采摘皇菊是在采摘“金页子”。质感丰满的皇菊，大规模地晾晒在村前广场和农家院坝上。好像只是用了四五天时间，安康的皇菊就给供养它们的村子褙上了一层硕大的黄金的封面。在这些菊香充盈、让人心胸开阔的日子里，你走到一个村子，就能读到如花的乡愁。

四月青笋当肉吃

每年青黄不接时，我们要感谢我们身边的山山水水。

放下满田满地的塑料大棚不说了。四月，地里长的菜蔬，能吃用的就只有葱、蒜，菠菜老得在结籽，萝卜在空心，地里的早洋芋才指头大的蛋蛋，蒜薹一阵风就吃过了。还有什么新鲜物儿可以下饭呢？

水里，野水芹可以掐尖尖吃了。再早些，香椿吃过了，地米菜吃过了，半山荒地里的鸡脑壳薇菜吃过了。水芹在四月，是一道清新的菜，清炒了吃，溸成酸菜吃，炒肉吃，炒鸡蛋吃，都算是在吃青了。

这都不算新鲜。因为，山里的青笋上市了。

秦岭、巴山的半浅山里，喜欢生长毛竹。毛竹是水性的东西，有一株就洇一笼，有一笼就洇一林。过了秦岭，看见山上长着毛竹了，就知道是到了陕南了。过了汉江，看见满山上都是毛竹了，就知道是到了巴山了。秦岭和巴山原是一体的，志书上把巴山称为南秦岭，只因了一条汉江逢中一隔，便一个江北，一个江南。江北长毛竹，江南长毛竹。江北的毛竹是长标志，标志是到了南边了；江南的毛竹是长气派，是显示南方到了。若就青笋而言，长得疯野，老故乡还是巴山。

汉江让秦岭、巴山水汽十足，大河带小河，小河注大河，年降雨量不多不少，千多毫升，正好够植物长得率性。毛竹水性，见水才长，上到半山上，看见毛竹的脚下，土脚都是深厚的，攥一把就出水，毛竹只长在浸水地带、背阴地带，长苔藓的地方。

入春，雷声响了，惊动的是虫草，是树的星眼儿，是地气，是毛竹的鞭根。鞭根在地下浸了一冬了，春气上升，正要伸个懒腰。毛竹爆出一芽、两芽，那拇指粗细的芽，伸出土，就成了笋。开始的笋，只是个笋尖尖，要待长到一拃、两拃高时，就发到有小酒盅粗了，这正是好吃的时候。

五黄六月，乡下没新鲜菜吃，现在可以吃青笋了。青的笋，一身紫衣裹，剥了壳儿，则是一身雪白的肉身，玉一般，凝结的油脂一般。半山上的竹林里，青笋冒尖，密密地排兵布阵在竹林间，是毛竹摆的打仗的阵势哩，是陷阱哩。乡下的女人、老汉、小娃儿，拣粗细适合的，掰了用竹背篓背回家去。太粗，或许已老得成竹坯了，太细，叫它再长长，长成竹吧。

好多年，我吃青笋，以为凡竹笋，一定是要剥了笋壳儿，用一口大锅，把那雪白的身子个儿，大火煮得七分熟，再用冰水浸着，吃时撕成细条儿，或细切，或大段儿切，然后炒制了当菜吃的。这样的青笋，经了沸水的蛊，变身为金黄，是黄苞谷的黄，是小米子的黄，是乡下妇人金手箍子的黄。

清油爆炒，快起锅时加些韭菜，就是一道好下饭菜。如果用肥得亮晶的腊肉和了一起炒，那是要待客的。如果腊瘦肉煮熟了，用手撕成条状、块状，和了青笋炒，是给最要紧的人吃的。另一样吃法，用乡下豆腐乳的汤汁凉拌了吃，加些小磨香油，是风味一绝，这也是要下酒的。余下的，炖了肉了，七成火候时，加进寸多长的青笋段儿进去，再煮三成火候，这样的吃法，出在讲究的人家。比如，这一顿是吃用锅盔的，用这炖汤来灌浆。

阳历的四月，恰巧是农历的三月。三月，大年过后不久，就算一般的人家，腊肉也还成杠地吊在灶头上，有心计的人家，把硬肋肉留着几块，专一等青笋上桌了吃。青笋炒猪硬肋，一脆一糯，笋、肉都有嚼劲。在炖的吃法中，用腊猪蹄髈和青笋一起炖着吃，那是家里来了要紧的干部了，或县里或镇上，与这户人家相与对眼，就给他整青笋炖腊猪蹄髈吃。这一顿，讲究用大碗盛，大块地炖，不用筷子夹，用手抓着啃，只要啃得满嘴有油，吃毕用竹签儿剔牙，才算是吃得尽了礼数。

四月吃青笋，清油炒，猪油炒，都相宜。不待加乱七八糟的调料，就加了油盐，一样吃出肉味来。秦岭、巴山里的毛竹笋，讲究金黄亮色，那金黄中，便透出肉香来。吃时讲究打满口，动员牙齿起劲嚼，便满口塞着了肉香，是腊肉的香。

今年四月，我见着另一样吃法。把山上的青笋掰回家来，剥了笋壳儿，直接下刀切细发了，下锅爆炒，或清炒，或与腊肉炒，上桌子的这一道笋菜，竟是不变颜色的，还是笋的青色，与腊肉的红艳相配，有红似绿的，煞是好看。试吃一回，满口清香，说是吃竹笋，不如说是直接吃嫩竹叶儿，回味中有竹的甜，竹的汁水，是轻盈的甜。

住在乡下的人家，把吃不赢的竹笋用开水煮过了，清水浸着，一顿顿慢慢地吃用。 再吃不赢的，在四月的太阳下暴晒得干透，能放置一年上下。 每年，他们总会把青笋直接下锅，吃那一口未变味的竹香。

住在乡下的人家，有山有水，有毛竹林，四月就可以吃青，吃一口清香，把毛竹笋吃出腊肉的香醇。

豌豆黄儿

入冬北地一派黄，过了秦岭绿汪汪。入冬，江汉谷地，南北二山，欣喜绿色还占领着人们的视野，到安康的外地人，若是打北地来，就“咦”一声，说，这是南方么！

绿的是树木，树木长在江岸上，长在高坡上。绿的也是江岸川地和台地上的菜蔬，葱、蒜、萝卜、水芹菜、芫荽、白菜、呛鼻菜。绿的也是冬旺的麦，平的麦地之后是起起伏伏的坡地、岗地、沟地、垄地、梯地，那里长着乌青色的胡豆，长着粉青色的豌豆。

再往南北二山里走，豌豆越发气象不凡起来，成块的，成坡的，成沟的，成趟的，野地里的，房前屋后的，豌豆让山的冬绿温暖如春，浅黄中有了这豌豆的色彩，日头下的水汽，也是蒸腾的，像农家的灶头，有了丰衣足食的念想来。

每每，外来人越发信了安康这地方的吉祥，在冬里看到庄稼生长得蓬勃，好了来的心情。外地人说，“咦”，这个地方可以停留一留。

一条汉江，水碧净得深绿，冬天的江水静若处子，有诗人形容像是大家庭里的碧玉。某年一位北京大诗人来安康盘桓，来时天黑，喝了一肚子安康酒水，早晨出门就是汉江，一眼望见大江东去，环抱着安康城像弹一只琵琶，水雾轻袅，那早起的水鸟在江面上飞上翻下着找早鱼吃，诗人就大发感慨，眼睛就有了泪水，说要用一个地方的名字向全世界问好，早安，安康！

出门就是干干净净的水，让远来的诗人感叹生活的美好。诗人是乘了飞机坐了车来安康的，先是在黄土高原上空飞，眼睛里是一派灰黄，黄河小得是一条蚰蚓，飞机下的山山岭岭鲜有绿意，然后是在秦岭的山肚子里穿行，看到绿的山了，看到清的水了，只是世界则局促得见不得一丝天。到了安康边里，水让山后退，城市被水色弥漫，天地宽了也低了，低成水的平面，宽成水的无边无沿。诗人说，这江水让人的心也干净了，干净成赤子了。

在安康看着水，用手掬起水，用唇亲着水，诗人说自己变成了水，心软得像《诗经》里的"关雎"，见谁都亲。在安康生活，离不开水做成的酒水，安康把一切沾酒的饮食，统称为"酒水"，劝客吃酒，说，酒是水气东西么，喝了也是一泡尿的事么。诗人就在安康喝醉了，喝醉了就要作诗，诗作得如了酒的淋漓，诗人说，"咦！"好久没有这么写过了哩。

诗人是北方人，一肚子面食，也敢说是见过面食的大阵仗的，偏偏安康的面食他倒是佩服得要重新活一回。比如，诗人在安康走巴山，访秦岭，到村子里去，到五百年的老镇子上去，到汉水游女采荇菜的旬阳太极城去，到抱瓮灌园的汉水之阴去，到大禹歇脚的中渡台去，到阿斗安乐的西河坝子去，也到巴山老林的镇坪去，听一脚踏三省的"鸡鸣"，每每下晚了，主人就整酒给他喝。满桌满碗是安康人的待客之道，有席面必要有酒水。诗人在安康喝了三六一十八种酒，苦的、甜的、涩的、辣的，米酒、稠酒、烧锅酒，苞谷酒、苦荞酒、甜秆酒、拐枣酒、木瓜酒、草药酒、虫子酒、雄黄酒，月子酒、劳伤酒、插秧酒、打谷酒、上梁酒、下河酒、社火酒，每喝一顿就深醉一顿，奇怪那酒醉是醉得深沉，却是不沥心沥胃的，每用高了，心下想摧枯拉朽了，却只是不舍得误了这一肚子好酒水的。“安康酒，不用呕”，这是诗人在安康的心得之一，走时告诉主人，叫酒厂免费用作广告词哩！

诗人哪里知道，酒何尝不晓得醉人？是酒便醉人。诗人醉了若干场次后，才猛地醒悟起来，原来安康的酒场子，每每也备办了酒后的醒酒之物，那便是浆水两掺面，那一碗面条下肚去，酒便卸了七分了，于是没有了“害酒”的辛苦！两掺面，好东西。诗人说，自己也算走南过北，只是识得这家常又神奇的醒酒之物太迟了，这半生就不知浪费多少好酒了！

两掺面，豌豆黄，男人食，酒后洋。是说安康的男人们皆喜食两掺面。其实不止，安康的女人也是吃得两掺面的，于是也有这话：两掺面，豌豆黄，筷子短，面条长。是说女人吃用两掺面，竟也是嫌筷子短了些的。把这话学说给诗人听，诗人便仰天大笑，笑说自己竟枉为诗人了。

诗人起初不惯这般冷硬的吃食，以为不如北方的裤带面、黏面“浪赛”，那般酣畅受活，每吃必一头大汗的。两掺面是安康的酒后食，稀薄的一花碗，浆水多，面条少，那浆水菜也若十五的夜星，稀疏得能数出个数来，所谓浆水一大碗，面条十来根，不用嚼，只管吞。那一碗面上得席面上来，也早无了热和气，是半温的，无论夏日，还是寒冬，安康的浆水面永远是讲究不烫嘴的，有人形容叫婴儿凉，也叫手心热。诗人在主人鼓励下，喝了这样一碗浆水面了，竟如夏日喝了一碗酸梅汤似的，半晌工夫，那醉的酒感竟醒了三分，有那么几回，主人问，还用酒么？诗人半推半就又用了一程，说，“咦”，今晚不醉了么。

西安城里有个大作家，与诗人相与，作家是商州人氏，与安康相邻，听了诗人言及安康的浆水面，笑道，浆水面是蛊哩，谁吃了几回了，便在肚里种下馋虫了，你要想它一辈子了！诗人敏感，甚赞这一个“蛊”字，将人间至理说得分明，说你说得好着哩，是这个感觉！诗人哪里又深知，大作家一肚子的陕南情结，皆是源了陕南的吃食。比如，诗人不晓得，大作家一世英名，却心中只是装得商州的，每每起了思乡情了，便从西安上高速回到商山里去，回一趟，竟也只是念想一碗长面的！大作家回到乡下，乡人问，咱黑下吃甚？作家说，你给咱擀面么！大作家早年到安康南宫山中采风，贪恋山色竟下山晚了，借住山中一农户屋里，女主人是夜做得一大海边锅浆水面，舂了生姜、芫荽、新花椒的塌辣子就面吃，一行三五人竟把一大锅浆水面造得风卷残云，搁碗吧嗒嘴说，咱明早还吃这个饭啊！是时，该屋有一待嫁的小姑，刚刚地区卫校毕业在家过暑假，山风轻吹，山月临空，山溪清音，山狗吠客，山雀嘲夜，卫校毕业生落落大方，连住清唱安康民歌一十八首，竟唱得大作家泪水扑面，心生终老山林之慨。如是若干年，大作家心系安康，必每至夏月，则找若干口实要到安康走一走，旁敲侧击打问那个如梦的山中小姑的近况，只是同行的主人每每不得要领，以为只是作家心中一个文学梦了。知晓就里的，不忍说破，那小姑早为人妻，儿女绕膝了。岚皋人民每每说起大作家这段逸事，必指谁谁谁，一县的美妇人皆有了嫌疑了。

大作家喜食安康美食，时间久了，主人们便晓得，若干的吃食，总也绕不过浆水面去。比如，吃苞谷面搅团，自然是须用得浆水菜的，吃面鱼儿，也是须用得浆水的。大作家跟安康熟了，每用餐便自点，也超不过浆水菜，吃用最热烈的便是两掺面，要半温的，要大海碗盛着的，要配伍生姜、芫荽、新花椒的塌辣子吃的，要七分浆水三分面的，要用了竹筷子挑吃的，要能捧着大碗喝将起来的。每吃一回，大作家就盛赞说有浆水面吃，是生活优越着哩，有浆水面吃的地方，是幸福着哩。

某年大作家在安康找一处安静地方写小说，竟一时思路生涩起来，整日抽闷烟，构思中的故事、人物、山水间的风土人情，全跟汉江一道下了老河口了。大作家哀叹道，天不叫我灵感生动，是天要我做不得好作家么！恰好这日有安康作家来访，两人原甚相与，这安康作家也甚灵醒，看在眼里，计上心头，遂吩咐招待所夜置席面，待酒喝得七成酣，上一盆浆水面，大作家欣然添碗捧喝，是夜思路大开，文思泉涌，一夜做成中篇一个，后发于《上海文学》，当年获得文学大奖。

诗人在安康留下诗篇若干，最好的一首，便是《早安，安康！》。政府计划待滨江公园建成勒石刻碑，以纪这一文学上的好事。地方报纸发了这诗，安康人读后都说写得好，竟写出安康人自己都没觉着的好来，可见是真的好了。又埋怨安康本地诗人，竟委屈了一江好水、一地好饭食，竟是没有写得如此好诗的！诗人临离开安康，我伴他再从汉江边走走，诗人问，浆水面何以蛊人？我给他念一地方民谣：豌豆青，豌豆黄，豌豆收下接五荒，豌豆本是个草草命，没得豌豆饿断肠。

在安康，豌豆冬种春收，是庄稼里最接早的，五黄六月贫寒之家断了口粮，正好豌豆收了接口。在安康早年的乡下，庄户人把豌豆视为救命粮。

我还告诉诗人，两掺面最讲究麦面与豌豆面的混合，没有豌豆面，便没有两掺面。在豌豆中，讲究用麻豌豆制两掺面，黄豌豆制凉粉，麻豌豆豆腥味冲，却是解酒解暑发旺之物，黄豌豆性子就弱了许多，正好制凉粉，讲究一口凉爽滑嫩，是没牙的老人和女士的爱物儿。安康人嗜一口浆水面，是性子里的养成，没有了浆水面的日子，哪里能成就安康人清淡雅洁的生活哩！

我还告诉诗人，豌豆其实是庄稼里最薄收的，种一升收一斗，可安康人还是种呀，种在冬里，不叫地闲下，收到春里，有了一份念想。种了几十上百年了，年年种，年年收。

诗人望着东去的汉江水，又望着江北的秦岭、江南的巴山，说，我去写一首诗吧。

玉米还乡

一

要烧泡了一海边锅好滚水，洗一洗你一身的怪气气。女人在夜饭烧毕之后，在灶里岸的海边锅里也烧好一锅滚水了。

乡下正经人家，把灶台修建得壮观，一大一小两个品锅，小的烧饭做菜，靠墙的大锅烧水煮潲。两个灶洞可以通着，也可以各走各门，连接处就是一块老砖。做饭时，若要顺手烧锅温水黑下洗澡，把那块把门的老砖揭下，火气就相通了。一顿饭做得了，里岸锅里的水也烧温了。兴喜事了，里岸锅可以架大蒸笼，四层高的蒸笼，可以一气蒸二十来碗菜。若要是蒸馍，够二十多位壮汉子吃。

一海边锅，就是盛得下一担井水的。一海边锅的滚水，正好可以烫得一头过年猪的。过年猪多大的分量？三百大斤。刮毛、去肠肚心肺肝，下项圈，下脑壳，取板油，逢中分开，半扇一百二。

你说，你个他的！是要烫猪哩嘛。

女人说，一年上头了，还不兴洗个透身澡么。

你说，不洗又怎的？

女人说，不洗就不洗么，只要你忍得一身的怪气气！

话是这么斗，灶里的火却叫你烧得旺，干透心的花栎木拌子烧得噼啪乱响，火呈乌红色，那正是好劲道。水在火焰下发着气泡声，水温了，你身上还真的躁麻麻痒着了。夜饭好了，水也滚花了。

要喝三铜壶的好苞谷烧，才能把一路的乏去掉。一桌子好饭菜，抵得一年的叮嘱。一双儿女拿好奇的眼光看他们的爹，嘴里却不停口地嚼肉啃骨头，把个嘴拌得山响。母亲直往你碗里夹硬菜。女人自己吃一吃，拿眼看一眼你。老父亲叹过三声大气之后，反倒一脸一嘴地笑了。他的胡楂子上沾着油汤、油水，也怕是沾着苞谷酒水，两只大闷盅，五钱一盅啵，父子俩就对喝了三大壶了。一壶多大分量？半斤哩。

你拿酒眼瞅一瞅儿女，瞅一瞅老父亲，瞅一瞅老母亲，再瞅一瞅自己的女人，你说，来，我给你们屋里下力的都敬一杯！

你敬了老父亲，说庄稼亏得你兴得好，人嚼牲口吃的不愁了。

你敬了老母亲，说今年猪还是喂得好啊，怕过三百斤吧。

你敬了儿女，说你们要学习好，学习好了，不枉你们娘老子吃苦。

你最后敬你的女人，说，你是个魔芋糨子哩，硬是把一屋的碎碎事，糊成个囫囵壳子了！

浆壳子，乡下人早下做鞋，就须得用浆壳子剪鞋样，鞋样也缝进鞋里去了，讲究结实，那就得用碎布用魔芋糨糊粘成整片的

“壳子”，糊在门板上，让大太阳晒干透了，揭下存着，冬月里做鞋子。

女人笑起来，脸上成了一朵花。说，就你怪形容，啥不好比，生把人比成个糍子！

三壶老苞谷烧，还是去年腊月天烤下的，百斤苞谷七十斤酒，最好的头子酒只有三十斤，留着喝一对年，五月田里下秧子喝，六月栽秧子喝，八月薅苞谷草喝，九月扳谷子喝，阴历八月十五中秋节团圆喝，这个下晚喝，打工的人回到家，就兴头年的陈酒接，接个亲热，接个喜兴，有陈酒喝，就算家下甚也不差呀！

老酒守家，没有啥比这更把家的了。

二

这锅滚水，有猪草气气。可不有猪草气气么。农家的大海边锅，一年上头给猪煮猪潲，牛病乏了，给牛煮牛药喝，腊月烧滚一锅开水，给宰杀的年猪烫毛。在早，三十晚上年夜饭毕了，也要烧一锅滚水，一家人净身除尘洗冤孽。

滚水，也给远行回家的下力人洗一身乏。躺在筲盆里，滚热的水漫过肚皮、脖项，漫过胡子拉碴的脸。你笑了，想，这筲盆，小船似的，一年就用一回，烫年猪呵！啥时辰用起两回了？给人洗乏？

这滚热的水，好闻好嗅。里面有铁锈味儿。有青草味儿。有三月的麦苗味儿。青辣子味。谷花味。鹅鹅肠、构叶、红苕藤子、洋芋蔓子、马齿苋、露边草，这如许的味儿，都在这滚水里翻腾弥漫。水漫过你的肚脐眼，像是那里有了个吸泉了，那水一直咕叽着汪进心里去了，像山岩子里的浸水，浸着岩，浸着树的根，浸着干裂的土垄，浸着路边里的花花草草。

一个热水澡，好似把一肚子的酒意，兑匀了，兑稀了，也把一泡热尿兑急了。好大一泡热尿，是酒撵出来的，是一顿巴心巴肠的夜饭撵出来的。还是还乡第一夜，这乡下四山之上的繁星撵出来的。堂屋门口泻出的灯光，把你的长黑影投向更黑处，对着门前的菜地，也对着满天的星光，你特别想把这泡热尿浇在地里，浇在菜垄上。你尿了，像夏日里干旱天里打一声响雷，下了一场透墒雨。

女人说，你这哪里成个五形呵。

女人说，乏了啵，跑了一天的路了，酒又喝得急呀！

你说，不乏，一顿酒，啥乏也没了，只觉得口渴！

女人早已泡好一大茶缸子老脚片子茶，快要凉了。她晓得，喝酒的人心躁哩。你正好一气牛喝。好透心，五脏六腑都接上茶气气了。你说，还有怪气气么？

女人说，咋会没？

你说，你再好生闻闻，还有么？

女人小声地叹一口气了，说，咋会没有哇。然后眼睛湿了。天也湿了，地也湿了，庄稼也湿了，林子的风也湿了，沟里的水也湿了，五荒地火烧起来了，透了半天红了，田坎走缺口啊，浑水过秧子了，天下雨了，猪身上湿了，鸡鸭身上湿了，老父亲的蓑衣湿了，那条走了百多年的出村路也湿了，是夏日的大雨在浇哇，山上轰轰隆隆地走胶泥巴子了！

你把身子放在自己的女人身边，像是放在田里、地里，放在庄稼堆里。你一年的心思都淘空了，啥也不装，只装老家的天，老家的地，老家的一天的星星，老家的河沟。你是躺在冬月的麦地里，扯地里的潮气，你是躺在芥菜、白菜、葱蒜、芫荽、小水红萝卜的园子里，你是躺在猪圈里、鸡窝里嘛，你听到了骇人的鼾声了，那是年猪的，是鸡是鸭的，不是你的。你把自己放在自己女人身边，真格的就是一张犁，放在牛的身边，放在田坎边，放在茶罐子身边哩！

天明了，鸡叫三遍了，狗子开始咬走早的过路人了。你睡意全无。你的女人翻一个身，说，回来就安下心吧，再急不急瞌睡。

天光从窗上透过，你的睡意浓了。你觉着自己是一架犁了，地犁彻了，你累下了。

三

一把玉米，在你的棉袄兜里，叫你的女人泡在衣盆里，发涨了。你的女人“咦”一声，把它们翻捡出来，在手掌里看半晌，说，我以为是金豆豆哩，丢给院子的鸡们去吃，去啄。

你坐在院坝里晒太阳。女人问，揣这么些苞谷米米做啥子？

你醒过神来，“啊”了一声。然后，你看到鸡们在地上啄那些泡发涨的、雪白金黄的苞谷籽。那些苞谷籽籽，曾在你身上揣热乎了。

没事儿时，烧着吃啊。你说，并叹一口气。

女人说，城里吃不饱么？

你说，那倒不是。吃不饱得咋个做活路。可你不知咋样跟自己女人说这其中的道道。

一年中，你走到哪里，身上总会揣一把苞谷籽。最早先的，是正月从家里的苞谷囤里带走的，没了，就在城里的农贸市场淘。城里的苞谷籽，也还是苞谷籽，它们是白苞谷、红苞谷，你知道它们还是来自乡下的地里、垄里，尽管没有从自家带的黄苞谷籽好吃，那也是苞谷哩。

你服城市的水土，什么样的怪味道，你都能服。

工地的大锅煮白菜、萝卜，你服。在下水道里吃白肉片子的盒饭，你服。发工钱的夜里，你在城中村的小酒馆里喝五块钱一瓶的啤酒，你服。不发工钱了，你一天只吃一顿饭，空着肚子在城市的大街小巷里转悠，你服。睡在工棚里，透过彩条布的洞洞缝缝看星星，你服。睡两块钱一晚的澡堂子，你服。

没有了苞谷籽籽，你就不服了。不服城里的水土。不服城里的空气。不服城里的车声、人声。不服城中村那些作精作怪的妖女人。不服城里人拿冷冷的眼光看你们。

你总要给自己找一个空闲时辰，吃一吃那些在兜里焐热了的苞谷籽。一颗颗，慢慢地嚼。用板牙咬开，放在舌面上磨，然后和着口水咽。

白苞谷甜。红苞谷腥。黄苞谷香。

黄苞谷是老家那些沿着山边林子的坡地里长出来的，一人高的秆，牛角一样的砣，从苞谷红缨子甩甩时，满天满地就开始生香，直到秋天把它们连壳带砣掰下，堆在场院子里，满院子的香，满晒场的香，满屋子的香。

每年收下了新苞谷，要烧着吃一回。与新核桃米一同吃。那个满口的香，是庄稼和果子沉实的香，是攒了一年的念想的香。新苞谷还要拉成拌子，与白米一起做成蒸饭，在柴火锅里焮起锅巴，就了塌辣子吃，泡了腊肉汤汁吃，这就把一年的辛苦吃下自己肚子里去了。

在城市里，你有半年时间，每一天都要嚼吃老家带来的苞谷籽籽。生吃。像牛那样，像鸡那样，生吃。你笑自己，生吃是催膘呀！如果工地上向晚时分，有人笼起了一堆火，你就在火堆旁烧几粒吃。有工友笑话你省伙食费，是吃了个半饱子吗？你把烤香的苞谷籽籽也给他尝一尝，你问，好吃吧?！

工友说，好吃。咳，还真是好久没吃过了。然后，你们就着这城市的火堆，说一说各自的家乡，各自的女人，各自灶火屋里那特别的别人家不可能有的味道。

在城市哪儿能吃到老家的味儿呢！

现在，你的苞谷籽籽回到老家了。它们成了鸡们的小吃。你看着那些苞谷籽籽，好像还看到自己变成了一只鸡、一群鸡了。你是那只骚公鸡，所有母鸡，就你一个人去踩水踩蛋呵，你领导着一群鸡在山坡的草场上觅食，找虫子吃。你用大红的鸡冠每天响亮地歌唱，鼓励母鸡们努力下蛋，抱出更多的鸡娃娃。

你在冬日里的太阳下，晒出了一脸的油汗。细小的阳光，麦面粉一样，沾在你胡楂子上，你像是一个偷吃了米面的二流子。

四

门前门后的趟地里，麦苗在冬月里黄拉拉的，像是地墒不足，像是肥劲不足。你这样一闪念，然后就笑自己了。冬日的麦呀，就该是这样黄不拉拉的，像是一个害上痨病刚刚有起色的汉子么！ 冬麦瘦，夏里收。 冬麦旺，一包糠。

你跟在老父亲屁股后头，似是这个早饭后约下的，一前一后到房前屋后的地里转一转。 老父亲背着手，弓着腰，像领你走路。 你走在后头，挪个碎碎步，生怕走错了路口了。

你们看了麦子。 你们看了胡豆。 你们看了冬水田，冬水田泡出了气泡儿，在半早上斜斜的阳光下，一会儿这里冒个小水泡儿，一会儿那里冒个小水泡儿。 你知道，冬水田泥水深处，有肥硕的黄鳝在冬眠，你在想，要不要年三十叉几条给老父亲做个酸辣子爆黄鳝下酒呢?

你在想，翻过年，冬田就醒了，是蛤蟆咕嘟醒了，在春天的田水里一片片黑云似的游，不多久就该是一片蛙声。 那个时节，冬田就该翻犁了。 闲下一冬的牛，就要给它们喂了精料，灌了苞谷酒，好叫牛的力量醒转来。

你跟着老父亲，转过了菜园子。 一阵麻雀轰地飞出园子，它们旋转着飞向半高空，撒出一片小雨似的叽喳声，然后四散开来，冬日的地面上就留下一片麻雀的飞影。 大白菜都长有一抱搂了，腰子上扎着稻草。 小水红萝卜的缨子青碧得没有一丝死色，都是吃足了水汽的，红的萝卜露出半拉小身个儿，还要往土外面长呵！ 芫荽青中泛着紫色，正是好吃用的时辰，那个呛劲可以想得来。 三十晚上，一吊罐小水红萝卜炖羊肉，要加这芫荽。 有了这芫荽，一屋子才有过年的气气。

你跟在老父亲身后，太阳渐渐升得比树梢高了，就把你爷儿俩的身影投在土地上，黑黑的，一会儿粗，一会儿细，像影子在犁着地。 你的老屋就在这四山包围之中，你家看得到半个村子，所有的屋顶都比你家的屋低。 你家在半坡上。 半个村子在冬日的阳光下，还没有醒转来。雾气和人家的烟气，都是轻淡的，半浮在空中，这个冬日还没有起风。

你和老父亲，就这样走着，竟然就没有说上一句话。

你在心里和庄稼说话，也和老父亲说话。老父亲快七十了，他做了一辈子庄稼，他把每棵苗都种得发旺呵。你鼻子有点酸，想老父亲把自己这个家种得就似每年的庄稼那样叫人贴心，啥时候回来，都是一个依靠。随便抓上一把苞谷就能活人哩嘛！

五

你去了山下的镇上，冬月里，没有什么可在集上买卖的，但镇上一街筒子都是摆在铺里铺外卖的。还未到腊月呀，人群像城里一样地多。在整个灰扑扑的景色中，人是五颜六色的。你背上背个帆布包，你像是赶集的，又像是城里人下乡来游玩的。你注意到很多如你一样的人有着的一样的神色，你想他们也是刚刚回到自己老家的吧。

你在心里笑笑自己，哪里像个城里人，就是穿戴整齐一些的乡下人么。你知道自己并没有进镇上走一走的理由，有什么事呢？没事嘛。就是闲转悠嘛。

你是想理个头吧，是想在汪记理发铺刮个胡子吧？

打记事起，父亲每上月天气就会牵着你的手，进一趟镇上，除了灌油称盐，买几包火柴，就是给这个老儿子理个头。

从刮个头，剃个脑壳，理个平头，四十多年过去了，这个理发铺一直就在。老汪师变成了小汪师，小汪师再变成老汪师。木头转转椅变成了铁转转椅，手推子变成电推子，唯一不变的是那把刮刀，那吊在墙上的刮刀布，老汪师和小汪师用这刀这布，刮掉了乡下人顶上多少烦恼毛，两指半宽窄的刀片子，在刮刀布上上下反正几个来回逛荡，好似那刀便锋利了许多，被温毛巾泡软的老人头发、胡子，在刀下一刮一个白行子，好像冬月杀过的猪，开水烫猪毛，刮刀那个爽脆劲，像八月的大太阳下薅苞谷草，那个脆劲呵！

你理了个平头，又刮了个胡子修了个脸面。你从理发铺的镜子里，看到自己的面，四十多岁的汉子呀，四方大脸呀，麦子色的肤呀，满眼的饿死纹呀。这个年年都要去城里刨食吃的汉子，回到乡下，就是这么个怪模样呵。

刮了胡子，还真轻松了许多，你走在镇街上，没有人跟你打招呼，你也没有见到熟识的人。镇子还是那么老，一街两边的板铺门，一街面的青石板路，川陕界上的麻辣乡音，一街筒子的猪油炒豆豉味。你渐渐走得散漫起来，像是这老镇街一个游手好闲的老户，你没有什么急事要去办么，你就是和一街筒子的乡下人一样，在冬月的集上走一走呵。

你还是给两个儿女、老父亲、老母亲买了过年的新衣裳，你给自己的女人特意买了件大红的羽绒袄。你想象自己的女人穿着这一身的火红，在四山之间那飘眼的模样，你就笑了。你给自己新买了一板刮胡刀。你还给老父亲买了两瓶六十块一瓶的泸康酒，你盘算大年三十就喝这个。

你快要出镇口时，你拐进一道山弯子，你去看了镇上正在建着的移民搬迁安置点，一色十数排七层高的楼，水泥街，小区花园，社区服务中心，花园的喷水池子，警务室，有农工还在街边上植树，你一眼望不到边的都是楼房。你知道，那中间一套，不知道在几楼，是你未来的新家。

你走出镇街好远了，你这才明白，今天是专一来看新房子的。明年春天，胡豆收了，这些楼就该住人了。你的老家村子，是要搬迁出山的，每年都有人户搬出大山，搬进他们未来的新生活。

六

我采访你的时候，你在自家地里煨火粪，你的火粪烟雾把半个村子都遮没了。这么大个村子，在冬月里，就只有你一家在烧火粪。你说，村上人户春天都不准备兴地了，要搬迁了，顾不过手来呀。

你的老父亲蹲在你家大门口抽旱烟，你的老母亲和女人，在灶火屋里忙着给我们做一桌好饭。

腊肉味从灶火屋里飘出来，叫人心下不安生。我多年在基层工作，所以我能想象那一桌好饭将是什么样的成色。有炖的，有炒的，有红的，有青的，有片片，有坨坨，有丝丝，有芫荽塌辣子，有腊肉炒豆豉，有在火垄坑里铜壶里正煨着的老苞谷酒，空气中弥漫着小水红萝卜的清香，清香中带些甜腥气，那正是新鲜小水红萝卜炖羊肉的气息，这气息好比最动听的语言。

在这三个来小时里，我前前后后只照过你的女人两三面，她给我们泡茶、续水，她在太阳快偏西时收铺盖，她用一根竹条子在太阳下拍打那大红面子的铺盖，我看到细小的扬尘在阳光下飞舞。一阵小风刮来一丝尘味，不晓得是阳光的味，还是那铺盖里晒出来的味。

你的女人面相普通，但周正，这使我想起一支歌，“公社是个红太阳，社员都是向阳花”。你的女人与你一样，麦子色的肤，是健康的那种，她扎着做饭的围腰，竟显出好看的腰身，是那种担一担水都不会闪腰的结实的腰身。

我们在太阳地里喝着老脚片子茶。这种茶，头道是水，二道是味，三道是劲，我们已然喝过三道。我的鼻子上感觉是冒出细汗了。这茶有劲儿，抓心抓肺的，让人喝着想起饿，想起大碗吃酒，大块吃肉。想起该面对群山开腔吼一阵紫阳民歌，郎在对门唱山歌，姐在园中摘黄瓜。隔着林子撒一把沙，打掉了姐儿的黄瓜花。打掉了花儿犹似可，打掉了黄瓜爹爹骂。

我们来到你家时，去看过你家的四五只羊在山坡上啃冬里的枯草根。你家的年猪还没杀。你家一大群怕有二十来只花花绿绿的鸡，在门前的空地里刨土。你的老父亲给我们打过招呼，就一直蹲在大门口烧旱烟。你的老母亲什么也没有招呼，只是跟在你的女人身后忙乎。

你的两个儿女在镇上寄宿学校念书，此时不是周末，他们不在家。

我们好像说了很多话，又好像什么也没有说。来时准备好的一肚子提纲，不知提说没有。我只知道，你不走了，留下来，安下心来，重拾你的农事。你说过，其实，乡下很多东西在城里是值钱的，不想走了，就在地里种，地里喂，哪里的黄土不养人呵。你说，你准备在山里养羊，养很多的羊子。你说，只要城里有人要吃要喝，这清水青草养出的羊子还不值钱么。

我知道，你也不打算搬迁到镇上去。你说过，你就在这块地上，跟着老父亲养羊、种地、喂猪、喂鸡。

你说，明年一开春，你就要在所有的地上种上苞谷，老品种的黄苞谷。你说，这东西好哇，人吃猪喂的都好哩。

灶火屋的香腊味太呛人了！我突然不想问什么了，我就等着这顿好夜饭，我甚至想让你也在红火灰里丢一把黄苞谷，焖成哑米子，我们把它们捧在手里，吹去灰，一颗一颗地叫它们在口腔里悄悄地炸开，鼓一口腔的苞谷籽的香气，然后就着下酒。

这是冬月的川陕边界上一个四面青山绿水的村子，土地和山林呈现原始的静态。即便在这冬里，空气中也弥漫着青草的气息。

你坐在我的对面，我的年纪比你稍大些，但你的苍老又看似比我老。你一肚子的想法，说到春天定下的计划，眼中就有笑的水花花，而我此时此刻却语言笨拙，不是个记者，也不是什么总编辑，只像是乡下一个没有文化的傻包子。你有着很普通的名字，像土坷垃那样普通。我如果不把它记在采访本上，没准转身就能忘了。我使劲要记住你的脸庞，四方脸，麦子色，脸上细的皱纹少说也有大大小小一百条。

我说，明年开春种苞谷时候，你给我捎个信，我也来帮你种苞谷呵！你说，要得么！给你留一垄啊。

风吹黄豆丁啷啷

在庄稼里面，黄豆长得最是有趣了。“黄豆花开四月八，赶上新米吃粑粑。”这是在早乡间的童谣。四月八，当然是阴历，大约合成阳历，应当是五月末或六月初几。问题是五月末也好，六月初也好，哪里能吃上新米呢？

早些年的庄稼里，五月末时，洋芋果果成了，可以刨出来接早了。如果不是生活逼命，五月底的洋芋还能再长一长的，再足些月，再满些胎。接早的那是冬洋芋，头年冬里种下的，绝对在正月以前，最迟也是在腊月天里。在早，天气晴好时，农人判断年成顺，喜欢把洋芋种在冬、腊月里。乡下叫早洋芋，比正月天种的早了两三个月时间。冬洋芋收成大，不患病，粉多，平利南山一带的半山川道里，兴种冬洋芋，一亩收三四千斤，拳头大小的做菜搭饭，中不溜的留种，碎米米子磨粉。若是这年洋芋太过丰收，小洋芋也是猪的精粮。这一年，猪也是能长成的，大架子，膘厚。有好些年，我家在乡下每年也喂一头猪，一年，洋芋多得一百斤块八块钱，我们家就用了半屋子的洋芋喂肥猪，那一年腊月里过秤宰杀，竟有三百多斤哩，板油、花油、大肠油，竟然也是过了五十斤的，盘了一大浪筛。乡下话讲：米筛装油，猪肉巴喉。猪瘦呀，肉是柴味。浪筛是筛糠的，比米筛大。用米筛装油，是说油少呵。乡下喂猪，讲肥硕，油多，油多了一年的重活路就不怯它，大人娃儿就能长得周正。在乡下到底喂成肥猪了，国家形势一定是好了几分哩！

算来算去，五六月里能刨出土吃的，就是洋芋了。洋芋可以磨成粑粑吃，当菜与腊肉炒，来了贵客才上桌面；做重活路，如担粪、开渠、薅苞谷草，烙了洋芋粑粑就四季豆汤洋芋，也算是硬饭。豌豆、胡豆也在五六月里出来，可它们不能磨粑粑，只能搭饭蒸吃，煮汤吃，嘴馋人家用油盐炒了干蒸，当饭吃，艮人得很，再好的饭量，不敢换第二碗，此饭胀肚子，吃过了拉稀，正经过生活的人家不兴这么吃的。常常，我疑心黄豆开花时，那新米也好，粑粑也好，其实便是把洋芋当作新米哩！说上大天里去，那新米也不过是豌、胡二豆而已了。乡下人与庄稼亲，高兴了，把甚都叫成米面，把新洋芋叫成新米，把豌豆、胡豆叫成新米，都作成五谷，也没甚错处呢！

除过菜蔬不说，黄豆是庄稼里开花最盛的。南瓜、葫芦、茄子、黄瓜等等，它们都是农业里的副产品，花开再艳，果实再硕大，也都是些水气东西，当不得正经。庄稼里，黄豆的花开得乱蓬蓬，最招蜂引蝶的便是黄豆花，黄豆花开了，蜂蝶也便是最忙碌的时辰了。早年，黄豆是正经庄稼，一川一坡一坝子地种是常见，规模之大，古今不见，所以蜂也多。有讲究说，蜂糖里是槐花蜜、椴树蜜最好，第三等的是油菜花蜜，我以为怕是差了黄豆花蜜了，说的人没有经见过铺天盖地的黄豆开花，自然不晓得黄豆花蜜。

大集体时，种黄豆是生产任务，县里公社里是兴下计划的。黄豆走得远了，是做油料算的，比如打豆油，供大城市里人吃；走得近的，比如进县城了，就是磨豆腐，长豆芽儿，是城里人秋冬季最能接口的菜蔬。豆腐是过年过节时吃的，粮本本上供应几斤黄豆，磨不成个豆腐，就长豆芽呀，长豆芽是家庭活儿，兴一家一户自做。成建制地长豆芽，好像是二十年前才有的事，菜市场上成筐成箩地售卖。若想吃豆腐，只有靠街道里的豆腐社，凭豆腐票买。有时国家有了甚喜兴事，每人补二两豆腐票，吃豆腐当过年。20 世纪 70 年代，我家乡县城里菜蔬社里的老婆婆、老姨姨们最吃香了，比县“革委会”的头头还吃香。卖豆腐的最俏，有个王姨，当年快四十了，全城大小人都喊她王姨，这王姨“文革”后竟然做了几年商业局的副局长，还是分管副食品供应。卖豆腐最公平，“革委会”主任的婆娘来了，也讲规矩排队，轮上没了，也干叹气。

这些年，家家户户不长豆芽儿了，市场上卖的豆芽儿，多数也让人疑惑。有时我回到乡下，在一些亲戚家吃饭，还能吃到自家长的豆芽。黄豆是早年的老品种，老法子种下的，只是没有了早年那种黄豆的规模。勤快的人家在地头上拣着种些，收了，只是当一当菜口。我好多时候不满意于市场过卖的豆芽儿，就到超市买了黄豆回家自个儿长，清水泡得浑身皮发涨，捂上，每天用清水给豆芽过一回澡，用个塑料小箩儿颠上几颠，折了豆芽的根须，叫它往粗里去长；置在瓦盆里，上覆湿毛巾，压重物：倒是也长出来了，只是水气得很，少植物味，想想，怕是豆子的缘故。老品种的黄豆，粒儿金黄，扁身个儿，比豌豆略大些、略扁些，粒上都有个小黑嘴儿，有的像半月牙形的小眼睛，望着你眯眯地笑，长出来的豆芽，天生带豆腥气哩。

我老屋那块地界儿，在旱水田少，旱坡地多，每年黄豆就种得多。零星地单种，成片、大块儿的好地，与苞谷套种，也有与洋芋套种的。水田铺上绿了，新泥搭的田埂上，也种上黄豆。年成好时，二荒地也开一些出来种黄豆。二荒地种黄豆，那个野势儿，真是骇人万分，二荒地地脚肥实，黄豆芜子长起半人高，这样的地里的黄豆不兴薅个草的，人进不去呀。不过二荒地种黄豆，农人并不喜好，黄豆光长芜子，结的荚，粒儿大是大，却粒数儿少，不合算。

黄豆还是长在壳壳地里的好。所谓壳壳地，皆是二、三等地么，种不得苞谷，种不得洋芋，芝麻也种不得，那就种黄豆吧：肥么，约莫有些就成，水么，半干半湿也成，万一碰上个旱年成，其他的不收，黄豆还是要收的。黄豆真还是个怪种种，根上自带肥，那些根瘤儿，是小小的造肥厂哩，再孬的地，只种一季黄豆，第二年种苞谷、种洋芋，都是能大收的。

黄豆芜子长得齐膝盖高了，那黄豆花也该开了。不是该开了，是只待一个早上就齐刷刷地开全了。黄豆内部似乎是有纪律的，也似乎是有个机关统一地发一声令的，天气若晴着，不下雨，不刮风，太阳早上出来才晒干了黄豆叶上的露水，黄豆花就“扑扑啵啵”地开了，一齐开，从早上开始，不到下晚，一坡里、一地里，黄豆花都开齐全了。像是开会来报到的，在同一时间、同一时辰里，黄豆用一个日子，把花开齐。

阴坡里的黄豆花开成金黄，朵儿也大，比其他任何庄稼的花都开得大势。黄豆么，开的金花，似乎正好是正理。黄豆花也开成另外的颜色，你信不信？半阴坡地里的黄豆，花开成粉白，花上还真就带有粉的粒子，沾手；有些说不大明白的地块儿，如又算是阳坡的，又算是阴坡的，黄豆花开得有些带紫，像篱子上挂的扁豆花；田埂上的黄豆花，多数时候开得雪白，花朵儿更加地气势，与稻子、与莲藕比起开花。比较而言，黄豆开三种花势，正好是三种豆子的长势：阳坡地里的豆子粒大，金黄亮色；阴坡上的豆子小些，皮色淡白了许多；水田埂上的黄豆最抢眼了，粒大而金黄，是留种子的豆哩！秘诀在于：水田埂上的黄豆，是一窝窝地种下的，见风长，好比是我们人里的重点培养；其他的黄豆都是撒播的，像人民，野生野长，碰上地里活路做不彻了，草也不薅一回的。

秋天苞谷收了，稻子也收了，轮到黄豆也该收了。一坡一坡、一地一地的黄豆，在秋风里“哗哗”作声，临收的那些大太阳的日子，黄豆一刻也不停声似的，有风，一片价小雨过林子的声响；无风，自个儿搁那儿炸壳子响。黄豆熟了，适用一个“收”字来形容，它的叶儿卷了，收束了；它的秸秆儿瘦了、金属化了、木质化了，干气不带水分；它的荚儿，也一日日地抽抽着，露出豆的形状，隔着荚儿就能看出豆粒儿的大小了。一个“收”的过程，一成上十天的晴好日子，伴随着的是黄豆炸荚儿的细声细气的响动，像新妇的初胎，黄豆也把自个儿扮得生育时发作的娇态，惹人注意，叫人看着心疼呵！

我喜欢秋天的清朗的天空下，黄豆快临收割时一片价发出的丁啷啷的、木木的、朗朗的、明白的、有板有眼的声响。它可以看作黄豆一生历程的高潮，是黄豆的生命宣言。在一片价落叶纷纷的秋里，黄豆金黄一片，它的叶子不落，只是金黄，收过黄豆的地里，看不到黄豆的败叶败秆，它在等农人把自己全部收回院场里去，然后在碾滚，在连枷的拍打中，变得粒儿是粒儿，叶秆是叶秆，粒儿摊在晒席上叫太阳收去了水分，然后收进囤子里去，在以后的日子里，该打豆油的打豆油，该长豆芽的长豆芽，该做豆腐的做豆腐。作为中国人记忆中最普通又最金贵的黄豆，以颗粒的形态还将生发着多少温馨的故事，伴随我们平凡的生活！叶秆儿垛成垛儿，矗在场院边里，或码进牲口棚里去，冬天就要来了，黄豆叶秆儿作为大牲口最好的过冬饲料，一点不糟蹋地化作牲口反刍的回忆，让大牲口们慢慢地想一个整冬，从黄豆叶秆儿想到春天的花、夏天的叶、秋天带籽荚儿的草，想到潮湿肥沃的土地，太阳和雨水，庄稼与菜蔬，叫着、嚷着、欢悦着的男人女人，想着与一年一年的庄稼、一年一年的草木好有一比的娃儿们。这样想着，又一年的春天竟然不知不觉中就又回来了，它派麻雀、黄鹂儿、喜鹊儿在牲口棚外头的高树里、蒿子簇中，给反刍着黄豆叶秆儿的大牲口们发来信息：地又该翻耕了。

草蟹肥

陕南巴山的川道子，是水暖地界。所以多水田，长水米、莲藕、荸荠，长饭米，也长酒米。长酒米的地方，田多，生活讲究。酒米是做米酒、糯团子吃的，供过节、人客打发。多田的地方，多水，水田皆傍河，或河溪从半山落下，水田从山脚向山上绕，水有多高，田就有多高，田去接水，水来迎田；山上的水田，是一层层的梯，帮助稻米、莲蓬与山比高。川坝子里的田，是镜面，敞给太阳读，敞给雨露读。想想，清水泡的，大太阳晒的，雨露滋润的，那样的生活何等地高级了。

草蟹长在河岸的草棵棵里，它们无拘无束，吃着清水滋养着的草、草棵子间的微生物。我们肉眼看不到的世界，草蟹能看见，它们突出的、尖尖的一对小黑嘴儿的眼，看见食物的游尘在水间浮，在草棵里穿行，那些简单的生命体，是草蟹的美味。

草蟹长在青山绿水间的水田里、河畔，整个夏天直到秋初，草蟹都是在有水的地方疯长。在清水的河里，夏天能看见它们斜着身子，在水间，在草棵子间，划着水中的波，吐着细小的水泡儿，寻找着它的食物。其实，那样的季节，一如我们人，很容易找到入口的东西，一把叶子，一盘藤子，一簇水草，都可以与珍贵的粮食一起，经火，经油，化作美食。草蟹，基本在一生的过程中，以食肉为主，如果没有疑问，那些悬浮的微小的生物，当然是以肉食的形态进入草蟹的食谱的。一个雨后天晴的午后，在浅水里，可以看到草蟹在半悬浮的状态下享用一只小虾，或是一条小白花子鱼，样子有些像是太空用餐，那些虾、鱼，基本上还是处在幼年时期，它们被雨击伤了，或被河里的浑水呛晕了。

草蟹在一些时节，会食用水湾里那些一生都长在水中的水草。它们食用水草的嫩尖儿，或水草身上的茸毛，以及某些水草身上瘤生的小刺节儿。这样的时节，当是在春天和暖之时，或夏天植物饱含水分、浸透阳光之时。余下的时节很难发现草蟹对植物类食品感兴趣。在水界，我看到的草蟹们，生活优裕，富有蛋白，自由成长。

时至今日，我故乡的农业仍然蓬勃，整个春夏秋地里都长着能吃的稼禾、菜蔬。劳动的人们，把汗水洒在田地上、园子里，心思也就洒在泥巴里了，他们不让土地空闲着，种出一年四季的念想。他们觉得，这样才叫活着，日子才旺相。印象最突出的，水田，比如秋山脚下八角庙一河两岸一千多亩的水田，春天小麦、洋芋蓬勃，夏天水稻、莲藕深绿，秋天白菜、小水红萝卜水灵。在靠近河岸和山洼的一些泥脚深厚、从而驻水也深的明清老田，以种植酒谷即糯稻为主，这样深水的田也引进了稻田养鱼。从县鱼种场运来的小白翅子、小草鱼、小花鲢们，以及小鳝鱼们，与水稻一起生长。草蟹从河里，经堰水，进入水田，进入它们宏大的渔场，它们似乎比田里的鱼生长更欢，原因很简单：食物比河里更加丰富。

稻田的鱼，就叫稻花鱼。它们吃稻田里的浮生物，吃水草。高级的是，它们吃风吹过后落在水面上的稻花。鱼儿们进餐不叫吃，叫喋，透着畅意。我时常在水田边看鱼如何进食，一早一晚，是鱼儿们讲究的主餐，游动快速而欢畅，在人眼看不清的瞬间，鱼已然将鲜美的食物喋进口中。有些鱼十分夸张，吞下食物后竟然也如我们人一般现出咀嚼相，小小的鱼尾配合着拍打出细小的水花儿，像我们人吃饱了用手拍打肚皮。

一寸多长的小鱼秧子，与稻子的生长周期相当，稻子收割时，鱼也正好长到五寸多长，乡下话叫一拃长。新米，嫩鱼，做活的人，每到此季尽可以享用鱼米大味，米香与鱼鲜，透着生活难得的畅意。我也曾有幸享用过，新米不用说了，稻花鱼的香浓至今不忘，世上再美的鱼，应当都是不及食用稻花长大的鱼吧：它们与粮食伴生，有粮食的清香与品德，肉质鲜美而可以大口咀嚼！

清水与农家肥合作成全了新的粮食，它们的余兴成全了鱼与草蟹。秋天，八角庙的大水田坝子在收获稻米的同时，也收获了成担成篓的稻花鱼，顺带也收获了草蟹。水田里的草蟹来自河流与山溪，却比河里的蟹长得更加圆大、肥硕。在老泥深厚的田里，拳头大小的草蟹极易得见，它们颜色发黑，一如老泥，在日光下发亮，显见得生命力旺盛。

我喜食草蟹，得益于早年我父亲的嘴馋，他在秋天会带我们兄妹下到河里去，或到水田里去，捉草蟹：几乎不能说是捉，而是捡，是拾，太多了，我们可以从容挑拣。拳头大小的草蟹，在我们家的油锅里，变身金黄，经我父亲手烹的草蟹，蟹黄、蟹肉与蟹的手脚都可以清脆入口。另一种吃法是，用麦面裹着油炸，炸透了，成整地吃，如食肉饼。

草蟹以青黑为最佳，其腹生绒毛者为最优。父亲说，草蟹吃圆不吃尖，腹圆者为雌，尖者为雄，八月吃雄，九月吃雌。吃时以姜汁、蒜泥、小磨香油、芫荽佐之，这是乡下很讲究的吃法。我少年时代在巴山深处秋山脚下的八角庙生活时，夏天与小伙伴们下河泡澡，间或也捉一只草蟹戏玩，取其手脚嚼吃，乡下有一说法，小儿宜食蟹脚，长力气，能走长力。

这些年吃厌了远道而来的大闸蟹，每每想起巴山乡间的草蟹，与大闸蟹不输。在城市生活累了，总会找机会回到乡间去，看清水在河里流着，水草随性地在有水的地方长着；夏天的田里鱼稻伴生，也能看到草蟹成建制地巡游它的渔场，便想起秋山红、金风爽之类的词句：草蟹肥了，可以大解乡愁之馋了！

苦李子不苦

这些年的夏天，三阳山里的亲戚，喜欢给我带进城里来一些李子。

我是个胃口蛮粗的人。一辈子，吃的就是个米面油，对于水果之类的奢侈品，基本不吃。这些年日子好过了，不是吃不起，是早年养成了个草草胃，不喜欢吃，有什么办法？

偶尔要装成个也是爱吃水果的哩，比如：接待客人，在饭场子上，结束喝酒，大家都用湿毛巾擦油嘴，然后用牙签子吃水果，我便也吃一些，也能显得十分文气。出差到了南方，正巧是水果旺季，各色见过没见过的水果，都要在市场上、摊子上挑拣一些，带回宾馆吃。有时真吃完了，不糟蹋；有时吃着没兴趣，随便丢在房间，看看有味了，叫收拾房间的服务员清理出去。

很多年没有系统地吃过李子了。

在早，记忆中的李子，姓生产队，我们一群娃儿偷吃，从青蛋蛋吃到两个手指一捏离核儿。有时叫队上人逮住了，好一顿臭骂，严重时候，押解给父母亲，再挨顿揍，是轻的，最怕不给饭吃，为几把李子，舍两碗饭，总是不值当得很。

大了，我便不喜欢吃水果了。乡下夏天里了，桃子、杏子、枇杷，都熟了，我不吃。春天快完了，樱桃出来了，乡下的小火樱桃进城，家里人买一些回来，洗得水灵灵，我看了，忍不住选一颗吃，很甜，带些微酸，知道是新鲜着的。

对李子有印象，是因了个人的奇怪的爱好：我总觉着乡下的水果一类，唯有李子是有脆劲儿的，其他的都皮揣得很，嚼在嘴里不舒服，常常倒了牙。李子的脆劲儿，一咬满嘴脆响，李肉结实而水旺，可以打满口。

麦黄时节，李子下树了，这是麦黄李。麦黄李肉真是带黄色的，或者是新麦子色，水气得不行，带甜带酸，很是好吃，吃一颗，口腔汪半天口水。我的感觉中，你若问陕南这个地界，用什么味道形容最好？是李子，脆劲儿，水分十足，甜中带微酸，显得娇气而大方。陕南就是一颗熟透的李子。

新鲜时的李子，丢进口里，有寸劲儿。什么意思？咬一口，李子在口里脆响一声，再咬一口，又响一声，不停地嚼，李子便在口里不停地脆响，一寸一寸地响，寸骨寸节地受用，十分地玄妙，傻气又凡俗，夸张得影响了别人的口欲。一个人吃李子，别人若看见，口里必是也要汪出口水的。

巴山一带，讲究的家户人家门前门后，差不多都要兴上几棵李子树。李子树好长，也不占地。常见的是算盘李。算盘李生得小巧，果实只有大拇指头大小，皮色上带粉，在树上结得那个繁盛劲儿，非常地民间化。算盘李果实上粉了，树就弯腰了，从李树下过，多数时候要低头。所以有瓜田李下这个词。看着算盘李，你总要想，它哪里来的那个旺盛的长劲儿呢？就一棵树，结得儿女成群？算盘李长透了，那李子的核儿与李肉是离开的，丢一把算盘李到嘴，牙齿舌头随便一理抹，核是核、肉是肉，也是可以打满口的。

算盘李大约与算盘珠儿相似，故有此名。

不过，算盘李显得有些涩味儿，吃多了，嘴里巴涩，说话打啰啰。

我比较喜欢的是这样两种：一种，胭脂李。胭脂李个儿大，春天你见它花开得繁盛，结成的也只有一半的花，其他的都叫风吹了、雨打了。初夏时节，进到一个有李树的庄子，见风吹李花满天飞，或雨打李花满地白，那是有诗意的。胭脂李皮色青黑，咬开，李肉是胭脂红。胭脂李的肉有肉质感，入口绵软，一颗入得口去，得嚼半天工夫。大的胭脂李，三五个就有饱感，不敢吃多了。吃完胭脂李，吐口水都是胭脂红，嘴巴四周也是红的。

另一种，有地方叫饭李子，大约可以当饭吃的。饭李子也个儿大，却是青皮的，李肉青中见白，有黄的、红的纹路，我疑是胭脂李与麦黄李的变种。饭李子七月可吃，比其他的李子都见晚。大夏天的，用井水浸一浸，一颗一颗地吃，吃得寒毛直竖，解暑气。

所有的李子，都宜新鲜着吃，放久了，味就疲了。比如，算盘李，一经温，常常就是一张皮儿，皮儿在嘴里不敢嚼，揪酸。胭脂李也一样，窝馊了，是苦的，皮满嘴跑沙。

平利三阳一带出好李子，我只爱见饭李子。乡下亲戚在七月最热的时候，搭班车送饭李子给我，我必惊喜万分。先是就口吃一气，其余的，洗净了，用食品袋子封了，放到冰箱里保上鲜，想吃了，取几颗，丢到嘴，嚼得脆响。一连可以吃上半拉月，饭李子还是才进城的那个样儿，饱满、脆劲儿，好似拿捏着乡下儿女的娇憨，叫人一天总忍不住把手儿伸向它哩！

凡李子，大约都有一些苦味儿。所以吃李子不怕上火。三阳的亲戚每送李子来，总会客气说：今年李子结得繁，就是雨水多，有些苦哩。我说，不苦不苦，好着哩，不苦不叫李子么！

好李子吃时，根本不觉着苦。况且，怪雨水多也是怪不上的，陕南就是个爱下雨的地方么！李子从雨季来，有些苦也是应该的。

火鸭子

印象中，20 世纪 80 年代末以前，平利还是出产大批量的鸭子的。所谓大批量，是不管走到乡下哪里，只要有水，有河，有塘，有堰，有渠，有沟，差不多都能看到成群喂养的鸭子们。

有个表嫂子，做一手好鸭子菜。她婆家在早是喂鸭子的大户，最多的年份，门前的河沟里白花花一片，是一河沟的鸭，看不到水流，只看到鸭子在动。门前的河沟，是一条鸭子沟，有一年就养下五百多只。那一年，也是我们家吃鸭蛋最多的年份。吃不了的，腌成咸鸭蛋，来客下酒吃，夏天喝绿豆稀饭，切了装一大盘子下稀饭，很是奢侈。

因是独门独户，表嫂子家的河沟里的鸭子，就只是她们一家的了。记忆中，那个时候，社会松动了一些了，农民边边脑脑种些菜蔬、点几垄南瓜，架个圈喂一两头猪，一头自己过年节时杀了做油吃，一头交统购猪；农民养鸭子，虽不大方，可也没有干部来当抢犯。表爷是个老党员，当过高级社的社长，他家喂鸭子绝不自己吃独食，公社伙食上，有时也来买一些鸭蛋，常常是买一筐送半筐的。公社书记的娘子是个医生，做妇科手术的，常给人流产，却喜欢吃鸭蛋，吃咸鸭蛋，喜欢鸭蛋腌得红了心，油汪汪地好看，我表爷家的鸭蛋她没少吃。前些年在县城遇上一起吃饭，妇产科医生批评现在的食品不安全，就回忆起我表爷家的鸭蛋，说东西还是旧时的好，也勾起我的回忆了。

鸭子有好多种吃法，就说鸭蛋么，鲜着吃，随便煮着吃，煎鸭蛋饼子吃，打蛋花吃，做卤蛋吃，腌渍了吃，与洋芋粉摊在一起做蛋粉皮子吃，都是很好的。鸭肉的吃法也多样：囫囵个地卤了，用手撕着下酒，图个满口、狼相，细发地切了装盘上桌，讲究着待客；炖鸭汤吃，熏腊了清水煮了吃，上酱焖制了片成条子、片子，夹小煎饼吃，都考究得馋人。我表哥成亲时，我们在客人堆里等酒饭，饿得吐清口水，表婆把我叫到厨下去，背着人塞给我半拉卤鸭，叫我就在灶门口就手撕着吃，我那时已经有十多岁了，却还是个馋娃子相，现在一想起，就能闻到卤鸭子的卤汁味，满手、满嘴的油，鸭肉丝儿嵌在牙缝里牙龈痒痒。半拉鸭子我都吃下了，表婆表扬我不嫌农家饭粗，将来是个肯下苦的。

平利鸭是本地土种，一县里都养一种鸭，乡下叫火鸭子。分雪白与麻花两种。有时也叫麻鸭子。叫没叫过雪鸭子或白鸭子或芦花鸭，记不得了。现在县里人上了四五十岁的，一说火鸭子，都晓得。

火鸭子个头并不大，有时看，还没老母鸡大。火鸭子真是个长不大的鸭子，好像巴山里能下力的汉子，个头都矮小，一身的精肉，直是腰长腿短，溜肩削背，有力气，架势却并不好看。因是长不大，且似一年比一年养着见小的，乡下人就说是个火练包子，越长越转去。若是个牛，生一代不如一代，乡下也骂作火练包子。人若长到二三十岁了，还是个不会说不会做的，也是个火练包子。火鸭子是个火练包子，叫短了，就是火鸭子。

表嫂子嫁到我表爷家后，没学会做针线，不会做千层底的布鞋，也不会下力气到地里去收种，猪羊鸡鸭也喂养得马虎，有两样却周全：一样是生娃娃，一气生了两女一男；一样是会做菜。表嫂子到屋后，我表婆就解放了，有客人来，表嫂子下厨，表婆就捧着个铜水烟袋，一边咕咕地吸，用鼻子冒烟，一边不作声地在灶门口添火。表婆家饭食讲究，有了重要的客人，鸭子是要上的，一是门前河沟里鸭子多嘛，逮着一杀一烫一破腔子，就上案子了；一是我表嫂子做鸭子有手段，旁的不论，凡是在我表婆家吃过鸭子菜的，心下就念想得好久，都说秋河曹家生活过得细发，一桌子饭菜，虽也是汤汤水水的，疙瘩啰唆的，就是比别人家不同。

一只鸭子到了我表嫂子手里，就是一案子的花样儿。先是肠肠肚肚心肝肺的杂碎，一点也不糟蹋，全收拾得齐整，盛在小瓷碗里，撒上细盐、花椒、香草粉，渍着；鸭身子摊在砧板上，用刀拍松酥了，有骨节的地方，用刀背儿再砸几回，然后鸭肉就与鸭骨分离了，肉是肉，鸭架是鸭架。鸭肉最后切成块子，鸭架也用刀拍得分解、理顺。鸭肉也是要腌渍的，撒上细盐、花椒、姜丝、草果、大茴香，再淋些苞谷酒，装在瓦盆里，盖上盖儿，捂着。若是大叶子菜趁手，比如，冬下的白菜，秋里的芥菜，叶子都宽大，就用大叶子菜捂盖了鸭肉，我表婆说那叫肉要发一发，或叫醒一醒，颇为玄妙。

以上都是做鸭子菜的主料。备料也多，但都不复杂。家里有的，地头长的，酸坛子里腌的，灶火头上熏的：木耳、黄花用清水泡发了；坛子里腌得正清脆的乌红辣子或切成丝，或破成拌儿；新蒜拍成瓣儿；地头新拔的葱，老叶子要揪了去，只留两拃长的葱白，拍破、切段儿；有顺手的熟腊肉，有肥有瘦地切半碗细丁儿；有新鲜豆腐也备着些，要切成条儿；若有白菜，专一择了菜心儿，手撕成条条儿、片片儿。

下锅时，我表婆在灶门前把一灶腔的火烧得蓝旺旺，火苗子在灶门上直扑腾火星子，锅子红了，倒一大勺子菜油，一眨眼就烧起青烟子，先下腌好的鸭肉，连汁带水的鸭肉下得锅去，扑地激起半锅明火，锅铲儿在我表嫂手里翻转，像玩杂技一般，一时明火就灭了，只剩得鸭肉与煎旺的菜油在锅里你扯我、我揪你，渐渐地热劲儿小了，锅里一片价咕咕嘟嘟声。大约连油带汁地焖得鸭肉多半熟了，再下进去木耳、黄花、葱段、酸辣子，加盖儿再焖半袋烟工夫。其时，我表婆已然将灶洞里的火眠得小了，配合着锅里细雨似的发出着小风儿过竹林的声响。待到小风儿时隐时现时分，表嫂子揭开锅盖，将小半盏子拍扁的蒜瓣儿下进去，用锅铲几个翻炒，一时锅里热气大冒，一屋里的酸香味就扑腾得叫人想连连地打几个喷嚏儿了。

这一锅菜，有说道，叫个油焖鸭块儿，当然是洋说法，我表嫂子直叫作酸辣子鸭肉。内容实际上要复杂些，比如，里面是有木耳、黄花的，不单是鸭肉、酸辣子。有口味重的客人，作料又趁手，在加酸辣子时，也要加进去提前备着的腊肉丁儿一齐焖，这样的鸭肉，有腊味儿，又不抢鸭肉的脸儿。这锅菜的奇妙处，在于最后起锅时那半盏子蒜瓣儿，要恰到好处，早了便泥了，迟了有蒜臭味儿。

还有半碗鸭杂碎呢，可以炒得一小碟儿，也是进红油，加葱蒜姜、酸辣子或酸萝卜丁儿，烹时要快，讲究抢火劲，要待油劲儿未眠住时就起锅，这样的一碟儿，量虽不大，却是下酒的极品，讲究在酒过半香时上到桌上，客人用筷子尖儿夹着品尝，嚼出脆劲儿，不兴大口的。

剩下个鸭架子，在吊罐或火炉子上煨一个清汤，里面加生姜，加豆腐条儿，快要起汤时，加白菜心儿，菜心只兴在汤里烫一烫，久了也泥了。冬天可以加红萝卜细丝儿，有鲜菇也可拉成丝儿，加进去有草香味儿。鸭架汤是最后上桌的，往往酒已喝得罢了，上了主食了，有客人边就着主食吃汤，也有客人酒喝得约略高了一篾片儿了，就专一用调羹儿舀了小口地抿着喝，想醒一醒酒。

我在表婆屋里，很吃过几年表嫂做的鸭子菜。有时走时，表嫂也特意卤一两只叫我们带着回城里去吃。带进城的鸭子，往往就变了味了，全然没有了乡下那抓人的味道了。我每每就奇怪得很。表婆笑说：那是你娃儿没忘本么。我慢慢就明白了，那是城里的水呀，作料呀，哪里如乡下的好，再加上哪里有乡下的那一份心情，鸭还是那只鸭，只是时间、空间、人情都不对了。

20 世纪 90 年代初里，我在县里工作时，我们曾想恢复平利大养鸭子的气象的，总觉得世道发达了，好吃的东西多了，传统的东西也不应当都丢了。比如，这火鸭子，真是平利的名鸭么，要做出我表嫂那样的鸭子菜，任甚样的鸭子都是不成的，就得是火鸭子：长不大的，雪白的，或麻黄的，叫声嘎咕的鸭。

很长时间，我们下乡去，见不到满河满塘的火鸭子。要想吃鸭子菜了，我常常就借口到表婆屋头去。表婆屋前的河沟里，还有火鸭子的身影，只是没有前些年那么地满河满沟。表嫂子做的鸭子菜还那么好吃，我每每吃得也讲究，回到县里，讲给旁人听，他们只是以为我是矫情的：不就是个鸭么！

我们发展鸭时，县上领导和专家是引进了外头的优良品种的，贴补着资金叫有水面的地方养。我依稀还记得很是引进了几个品种的，一个从英国引进的，好像是叫咔叽康贝尔，农民们叫不顺口，只说咔叽布；一个是北京鸭，领导说要搞成北京烤鸭的原料基地。可惜都没养成，主要是病多，成活率低。好像鸭肉也不甚好吃，很板、很柴、很泡，讲吃用，一点也比不上平利当地的火鸭子。后头又试验湖南的攸县麻鸭，四川的天府肉鸭，都没成气候。90 年代里，县里和江苏一个县对口支援，人家来了一个干部，推荐一种高邮鸭，那时兴搞大项目，高邮鸭就搁下了。后来我读汪曾祺先生的散文，他说他家乡的高邮鸭是天下最好吃最好养的鸭了，特别是高邮鸭蛋，红心，自带油性，我想了想，这不和平利的火鸭子一般了么！

平利的火鸭子，在野地野水里瞎长，把蛋产在河沟边的草丛丛里，它们在河沟里吃小鱼儿，吃蚂蚱，吃小青蛙，晚上回屋时，趁人不注意，也叼几吊田里快熟的谷子吃；回到场院上，主人给撒些苞谷籽儿或麸皮，一群鸭子乌云黑浪般地抢吃，整得满场院一片价小风声、小雨点溅泥灰的声响。越是吃得凶相，主人越是知道鸭子是在河边上下了鸭蛋了，便越发高兴，多撒几把粮食。向晚，女主人挎个篾篓子，在河边去捡鸭蛋，一时便有了半篓子之多。青皮的火鸭子蛋，映着月光，有水水汪汪的油色。

平利火鸭子，是白鸭子和麻鸭子，它们一律小个子，长不大，乡下人笑话它们是火练包子，可我表嫂子说，做鸭子菜，还就是火鸭子才行。

淘米水

平利农耕乐园里展览有碓窝，青石的，或木质的。都是早年乡下舂米用的。年节或中秋也用，舂酒米粉，或舂米糍粑。酒米粉包汤圆，糍粑是过年的一道甜品，也适合当礼行送亲戚。舂槌有时用石制，有时用木制。巴山里生成一种豆青石，材质细密，也皮实，是打制碓窝的上好材料。如果用木制呢，便多是槐橡树，沉实，不怕水闷，不怕火烤，一辈子不裂不翘。

乡下一个大家户里，要有大牲口、大农具，要有磨、碓。没有磨、碓，大牲口、大农具有甚的用场？磨是拐磨，安在自家米面屋里，也是自家用的。村上或庄子里，场子上也常常有一盘大石磨的，口面有三尺宽，要架牲口才磨得动。一次磨半年的粮，村人排着队磨。平日推磨一把米、一把面，或推磨一顿合渣，做一个豆腐，用自家的拐磨。好的人力搭配是一个硬劳力推拐，一个半劳力喂磨。推磨时间多在夜黑下，或下雨天。我很小的时候在乡下待过，看到人户里男人推磨，媳妇喂磨，磨拐吱扭一声，青石小磨咕哧一声，有答有应，配合得好，有板有眼。若是新婚夫妇，边说话边推磨，一会儿工夫便做毕了。我十来岁时便知道爱情这个词，在早的感受便是来自乡下的推磨。乡下童谣唱：推磨，拐磨，推面面，做馍馍，你吃一个，我吃一个。多好！碓，乡下人叫碓窝子，差不多的人户都有。大户人家的碓窝跟着大，一看就是有气派的。小户人家的碓窝子，一般也小，有时候就裂了缝了，用篾箍着，显着光景也不大气。

在早吃米，用耒子推，像推磨样把稻耒成了米。耒子原理如磨，只是竹木制的，耒膛是上下两扇梳子齿，错开了磨，稻便脱了壳，变成了白米了。耒子成批量加工米，那么用碓呢？讲究。把稻放在碓窝里，用木质的、石质的槌一下一下地舂，好半天才舂得半窝米。这样的米好吃，家里有讲究的老太爷、老婆婆，专一用碓舂米，熬米汤吃。

耒子磨的，碓窝子舂的，米都一个颜色，青白色。这样的米，是原色，不走样儿。所以说一碗白米饭是不确切的，应是一碗青米饭。乡下人看重稻的生产，只说白。那样的白，与目下的白不一个样儿。我小时候在老屋寄住时，有时跟着祖父、祖母吃小灶，便是吃碓窝子舂的米熬的米汤。碓窝子舂的米，好像只适合熬米汤的，香，糯，久煮不醒水。这蛊惑了我在早的口味，我现在时常想，如果有一碗青米饭吃，一碗青米汤喝，那就比啥都好。也有神奇的，久病的，只几口青米汤下肚，打一个长嗝儿，竟然一尻子坐起来了，又活了多少年。乡下人死了，要烧落气纸，也喝落气汤。

我是能做一手好茶饭的，最高境界能做乡下的八大件。做八大件，是乡下厨子有名与无名的标准。八大件是统名儿：要用尽乡下最要紧的食料，鸡鸭猪羊五谷杂粮僧俗荤素都要上场。

八大件显着富贵。早年，父母亲在乡下辗转着工作，我们兄弟姊妹也跟着辗转，我为大，家里父母亲常常因个公事便不在家，我在七岁那年，便开始上灶做饭，厨龄蛮长的。第一回做饭，不晓得淘米，锅里水开了，便舀了两碗米倒进去。连水带米便做成了。却不能吃。饭里米糠太多，锅底炕的锅巴焦黄倒是焦黄，却沙子多，不敢下牙，米没过水淘么！母亲回来一看，哭笑不得。吃吧，下不得口，倒了吧，舍不得，两碗白米哩！

早年米下锅，要过三回水。第一道水，是漂米糠，米重糠轻，一经水，米糠都在水面上；二道水，去米灰，稍稍用手搓一搓；三道水，淘沙子，用两个米盆倒着用水浪，一个盆里最后是米，一个盆里最后是沙子。早年听“洪湖水浪打浪”的歌儿，我每每就想起了淘米，想洪湖是个好地方，一浪过来一浪过去，淘出了米，淘出了鱼虾，淘出了莲藕，真好。淘过的米下锅，焖成了干饭，变得干爽利气，吃在嘴里也干爽利气。饭若多，炕出半锅底的锅巴，抹豆腐乳吃，烩锅巴汤吃，都好。

在乡下，淘米水也是好食料，喂猪，或给下蛋的母鸡们拌料，都好。大户人家若有文化人的，比如，家下有个民办教师，或赤脚医生，有时也讲究，要在院子里兴几笼花草，不兴用粪水浇的，要用淘米水浇，花开得贵气。现在的米，简直不用水淘的。有一种精米，包装上说可以直接下锅。用水淘，也看不到米糠、米灰，更没有沙子了。我们家还是早年的习惯，下锅的米要用三道水淘，其实也只是做个样子，三道水都是清水，淘米水也用一个塑料小桶盛着，醒几天好浇花。我们家养了好几年兰草，都不景气，懂的朋友来家看，有的说缺太阳，有的说缺肥。乡下的兰草就用淘米水浇，怎么就成这般？其实，我心下也知道，淘米水已然不一样了。

乡下的二道、三道淘米水，比第一道更金贵。一道水就是喂猪、喂鸡、浇花草。二、三道水，用来洗头发。乡下早年，爱干净的妇人女子，用皂荚砸茸了榨水洗头发，直洗得一头好青发。春上乡场的河湾里，天气若好，总能看到一群媳妇、姑娘女子们聚在浅水里洗头发，用皂荚水洗。洗头发是个由头，实际是捂了一冬了，大家换了薄衫子，显摆个身子。上好的，还是用淘米的二、三道水洗，洗出一头的贵气。皂荚水洗头发，不燥气。淘米水养头发，直洗得像似了五月里的庄稼。

有一天，在美发店里遇上美发师傅给我热情地推荐一款洗发水：淘米水。他说得天下独有，回归传统，过期不候。我只是在心下笑。

简单的冬

汉江流水猛，动辄翻花，整个冬天再寒也冻不住。有些河湾就备不住会结冰了。汉江上有许多的回水湾，水静态，不翻花，天若大寒，一晚上就冻住了，起先是薄的一层，到了天快亮时，河面上风越发硬起来，那湾里的冰也就加厚了，从一拳头，到一大拃，五寸了，那就是说，河湾真冻实了。

若是汉江的河湾都冻住了，这个冬天算是真正成器了。河水不结冰算什么冬呢！许多老成的乡下人，在冬天可以观察来年，那就是大地是否冻实，土地硬如砖坯，枯草用霜花裹身，一早一晚可以听到小河上、水塘里，冰裂子发出细碎的声音，像小鸡崽子啄麸皮的细声，老成的人就会判断：明年是好是孬。

冰从岸边上先冻，渐渐向河的远处延伸。如果湾里的水依然不翻花，不起浪，冰还要向河心伸去。往往走了四五十步远了，水面不平静起来，水浪拍打冰的舌，你吞我一下，我舐你一下。冰接着水浪的那端，冰就停了，就变得薄了，像了刀刃。水与冰看似接触得紧密，其实是有了间隙，静静一听，水浪拍打冰层，有细碎的破裂声。

而那大块的湾里的冰是不会破裂的。它硬实着哩。比如，远远看去，是冰在水面上架起了一层冰的栈道了；比如，有乡间野性的娃儿们，敢成群地在冰面上滑冰，只听得水在冰下扑扑地响，冰层有裂音，并不会塌；比如，有更加野的娃娃头儿，逞能地要比别的娃儿滑跃得迅疾，却刹不住脚，哧溜飙出冰沿沿了，咕咚一声坠入河中，溅起老大一个浪头，娃儿们顿时一片哄笑，那不是冰塌了。

小的时候，我胆子不大，只敢在秋河乡下半山上的堰塘滑冰玩，那冰结满实了，抱个大石头砸，冰也只是一个白印儿。大的堰塘，有鱼还在活着，往往就有一个好吃的老小子，用了钢钎在冰上凿，不多工夫那冰就叫凿出一个小洞来，塘里的水，立时泄了气般往出冒，待那冰洞扩大得开了，有小脸盆那般大小了，忽然就有一条半尺长白翅膀鱼自己跃出，落在冰面上，起先还有劲地弹上弹下，甩得水花花四溅，渐渐就不动弹了，给冻在冰上了。冰下的水越冒越汹涌，鱼也越来越多地往出跳，运气好的话，一气跳上十几二十条是常有的事儿。有年冬里，我在八角庙，跟一个老光棍在堰塘凿鱼，然后在老光棍家用黄豆炖鱼，加生姜、葱白、花椒、干辣椒，用海碗盛了吃，再喝半碗苞谷酒，这个情节我竟记忆了几十年。

整个安康，到了冬里，真结冰的河，除了汉江的大水湾子，一百二十三条大小支流，是动辄要结了冰的。比如，平利的坝河，出了秋河段，便算是出了峡了，便一直走平地，水面漫得很宽，丰水时，河两岸隔着听不清吆喝声。坝河是易结冰的。它水敞呀，开呀，浅呀，走得慢性，冬里一使劲便冻上了。从八里关算起，一直走到下坝河，百十余里，最寒的冬里，常常就看到一百多里地的冰河。一夜冻得结实，一大早起来，看见坝河冻结得什么声音也没有，天地大静，似乎连勤快人家早上的炊烟都是冻在半空中的；到了中午，白花花的太阳，照在冰河上，你一细听，冰在裂缝哩，像春里的野火燎一坡的蒿草，你一细看，冰河上遍布起细长的、曲曲折折的裂印子，冻得薄的，有水就渗出来。冬寒着哩，再大的太阳，用一个整天，冰还是不化，只在冰面上刷一层金黄的光的漆了，搭眼望去，还是一条冰河。

秋山里、八仙山里以及南洛河一带的小河，千难万险最终都要流到汉江里去，在大寒的冬里，有的小河一冻就是一整冬，从第一个降温的冬夜起，它们似乎就冻住了。我常常多回地走过这样的小河，它们一直冻着，直到春天化成水，它们才恢复水声和流动。它们从高山上往下流的过程，一时三刻就冻住了，好像还没反应过来，就被寒意定格。这样的小河流，它们在冬天好像就只做一件事：被冻住，以凝固的形态过冬，放弃喧哗、流淌，也不翻花，无所谓枯水、丰水，也不在乎河两岸的植物怎么在四季变化。这样的情景，叫人恍惚，世上什么都可以停止、凝固，或者被冰封冻住。时间呢，可以冻住吗？眼前的小河，就是一条冰带，时间是静止的，水流是静止的，更何况水声。世界静寂，冰层被冻裂，山崖被冻裂，在这样的场景中待久了，你的皮肤也会被冻裂——时间成为冰的固体，用手可以摸，舌头可以舐，时间是冰凉的，像一系列的小麦芒、小刀子，或者遍地的碎玻璃。

被冻住的，还有土地。所有冬天的土地，都是冬天的模样。土地在一年四季中，有三个季节，充满幻想：它要松动，萌动心思；它要成长，用枝蔓、叶子与花朵显示自己的存在；它要努力地结出果实，用香味说服世界。唯有冬天，土地沉默着，甚至僵硬了表情。也唯有冬天，土地才显出性格中最真实的一面，用安静与沉默告诉来过土地的人，关于内敛的意义——其实，冰冻着的土地上，绿色依然存在，那些耐冻的植物，园子里的家常菜蔬，它们依然在冰冻层以下生长，伸展根须。比如，萝卜、白菜、芫荽、葱蒜，预备着来年春三月就开花的油菜；比如，胡豆、芥菜，还有冬小麦。顶着白雪呼吸凛冽寒气的，就是这些冻土上的家常菜蔬，除此还有什么呢？长青的树木？阴寒地带的苔藓？都不是。冬天里所有的树木都在冬眠。冻土唯有用园子里的菜蔬，显示内心依然柔软的一面，或者用它们呼吸，在大寒的冬季释放内心的郁结。这样的场景中，我读到坚韧、坚硬表情下面的细小的水分，水分下面的裂纹，那些裂纹像菜蔬的叶纹一般。

在冬季里，我常常感觉错位。比如，躺在温暖的床榻上，闭眼时，灵魂会出窍，会飘飞，进入虚空，驾驭云层，遇见高空的风，或者水滴，水滴变成雪花，雪花聚集，变成战阵，然后向大地飘洒。最大的江河，都会在这样的一系列的幻象中，在大寒与雪花中停止脚步，它们像整个冬天一样，停下来，想一些什么。大大小小的河流，其实都是一样的表情，停下一小会儿也好——想点儿什么，或者调整一下流动的姿态；再梳理一番，什么时候回旋，拍打着岸边，什么时候响起涛声，惊起沉睡的鸟群，什么时候翻花，引燃万千的如同火焰般的花色，什么时候灌溉土地，让歌谣生长、流传，什么时候遇见火焰，交换幸福，什么时候流过手掌，留下醇美的文字与记录。我喜欢如此的幻觉，叫我遇到睡眠的真谛，叫我醒来，拥有独一无二的秘密。

一场足实的大雪，下在新年即将到来的门槛内。它们真实，无须要天气预报的期待。好年成就是如此，该下雪时就下雪了。冬月下雪，是四季的归零，不留恋已逝去的物事，大地白雪茫茫，天地通白。第一场大雪之后的清晨，日光与雪光推出的天地之门，是新一年的大门。大门口涌出一轮硕大的太阳，像刚刚诞生。好比四个乐章的交响曲，到了尾声，渐渐远去的旋律中，是一层层云气与水汽在聚集。其时，天与地之间，一定涌动着渐渐巨大起来的轰鸣——聆听的人们，一定是听到了，它告诉你，最简单的冬，让我们袖手侧耳才能听真。

有盐分的老墙

乡下的房屋要用土筑成，而不是茅草。在早的茅草屋子总归是权宜之计，临时落脚，或一辈子盖不起个成样的房子，在这样的建筑下，没有祖传三代以上的奢望。陕南移民初落脚的季节，大多是秋天，从春天的异乡赶来，一路上与大地上的庄稼见面，惊喜庄稼长得如此健壮而茂盛，但那些庄稼与流浪者无关，庄稼属于有家乡的人，属于安居者。流浪者一再离别新结识的庄稼，赶往下一个季节——穿越整个夏天，当然也穿越了整个夏天的苞谷、水稻、疯狂的菜蔬。庄稼挽留流浪者，洪水、闪电，甚至冰雹，告诉流浪者，这里不是他们的家乡。

秋天，蚊虫大量繁殖，浅林地带的牛虻比夏天更加具有嗜血性，一路伴随流浪的牲口，比如，牛，驴，或狗，都用耳朵抽打自己的不安，对异乡的虻陌生而心生惶恐。牛在路上用异乡的青草填饱了肚子，驴也一样，一路上的清水，和挂满露水的青草，没有排他性，尽管渐渐热意盎然的天气也会使它们怀念起故乡的粮食，整个春天、夏天都是耕作之季，也是牲口们能够享用粮食的季节，而在异乡没有。异乡只有野草。牲口们不知道它们的主人要带领它们走向哪里，它们心底里微小的秘密全是找到青草、粮食。狗的适应能力一如人，它们一路上听懂了异乡的方言，跑前跑后帮助主人分辨安全与危险。狗耐饿，可以十天不吃不喝，它们停下来，向四周张望的时候，也往往是主人停下来，犹豫着是否要停下长途的脚步的时候。狗能闻到十里以外的饭香，或者大山背后的狗吠，尽管那也是异乡的方音，但语法、语意和语感相通。蚊虫吸出流浪者的血，虻吸出牲口身上的血，它们都会拣最柔软的部位，比如，耳朵背后，手背、脸颊、额头、下腹叮咬，无声无息，记忆深刻。而新鲜的血渗出，洒在异乡的土地上。秋天，让流浪者闻到家乡的气息，让脚步倦怠，再也挪不动了。

所有的茅屋都是在秋天建成的。秋天的茅草长成身体，可以收割，派上一些用场。比如编织，比如修盖。重要的是，大片大片生长得宛如梦境的茅草，可以挡住流浪者的脚步，有茅草的地方，可以安歇。茅草被收割，扎成把子，成为墙壁，成为房子的屋顶；茅草被扒开，露出陌生而亲切的土地，茅草茂盛的地方，土地同样油黑而肥沃，让流浪者想象无穷无尽，产生幻觉。停下脚步的人，用风干的茅草建起房子，用茅草燃起的火焰取暖，把河流的水煮沸，热水重新让血流有温度，冰冷的表情丰富多彩，额头渗出汗珠。从秋天开始，流浪者为他们遇见的茅草重新命名，所有他们认为必须为伴的野草，都可以重新命名——用已然遥远的故乡的名字，给茅草命名；为落脚的茅草房子命名，在陕南，在早的茅草房子大多叫“千脚落地”，大大的“人”字形，与长途流浪有关。从陕南野草的名字，可以读到沧桑，都与移民相关。

扒开茅草，露出土地，土地有了主人，新的庄稼种在了从未闻到过粮食香的土地上。先是火焰，把茅草烧红，惊醒茅草下肥沃的土地，茅草的灰烬帮助土地一季成名；下种，走过了成千上百里旅程的种子下在新的土地上，在异乡发芽；它们曾在流浪者最后的背囊被珍藏，不断地嗅到异乡的水汽与泥香，种子疯狂地生长，成百倍地繁殖，让所有异乡的种子都黯然失色——然后是炊烟，新的语言产生，从未流传过的方言布满新的村落，与山水结合，与新的家乡的风俗结合，而所有的村落以前所未有的形式命名，不同于此乡此地，完全全新，以家族姓氏命名的村落产生，像庄稼一季一季地扩大，构成了整个陕南。

我想，真正意义上的房屋，它们出现的时间，可以是在第一个收获的秋天之后。已经被土地磨砺得雪亮的锄头、镐、铲、钎，在靠近河湾的半坡前，或在橡树林带的空隙地，挖出屋脚，镐和钎开出陕南特有的花岗、绿豆青、黑麻，这些坚硬的石头，下在屋脚，然后在石头的屋脚上架板夯墙，架梁、安挑、置檩、钉椽。最早出现的房屋必然是土夯的墙，茅草盖的屋顶，然后是青瓦，青瓦保持着遥远故乡的样式，用火烧制。出现了门窗、泥墙上古怪的花纹；出现了窗户上的油纸、窗花，然后是门框两侧的春联，用毛面的土红纸写就。

第二个、第三个秋天以后，大户人家从夏天农闲时节就开始脱坯，巴瓷的泥巴与清水、稻草碎节一起，用牛踩踏，和匀，用木匣脱成砖，用大太阳暴晒，秋高气爽时，这些土砖垒成了墙壁，土砖的墙撑起了房屋。出现院子，四合的、三合的、偏厦式的院子，出现了高大的烟囱、整齐的牲口棚、茅厕，围篱的园子，园子里种植着各样的菜蔬。出现了白灰抹面的墙壁，与青瓦相映成趣，或者青泥抹面的墙壁，泥面上显露着稻草的碎节或苎麻的丝缕，同样与青瓦构成安详。院落伸向另一个院落，形成了村落。然后有着高大门楼的青砖青瓦的黑漆门窗的大户出现——流浪者的历史出现，昔日遗留的茅草退向荒坡、河湾，土地成片摊开，像毛边的老书，庄稼、菜蔬、果树，以及房屋、道路，向更远处绵延而去的青山绿水，恰好是这老书上的文字，记载村落的过去。

我喜欢土墙，土坯的、干打垒的，甚或是青砖的，它们都以最质朴的乡下表情感动着我。至少，从这些土墙的色泽、纹理，我可以想到三代以前，想到我的停下脚步并安居此地的祖先们。我小的时候，想象不出祖父以前的先辈的神态、模样，他们以什么样的表情端详过这片我称作老屋的土地、家园。我的祖父高大、俊朗，孔武有力，什么样的庄稼活都难不倒他，可以称作庄稼把式，那么他的父亲、祖父呢？我在以前很多陈旧的明清老图片中，试图发现先祖的模样，但所有的面孔、表情都是黑白的，他们不能高昂起头、不能耸起双肩，甚至腰板也是塌的。他们脑后拖着长辫，或把长辫盘在头顶，把青布长衫挽起，扎进腰间，脚穿草鞋或踢死牛的老布鞋，他们总是和工具在一起，锄头、犁、砍刀、扦担，有时是火枪和刀矛。我不能把他们与我的祖父联想起来。直到今天，我的祖父一直给我力量、健康、铁打的印象。我喜欢多年不变的土墙，在乡下的岁月中不变，在四季的风雨中不变，在我见与不见中不变。因而我把老屋那些老老的土墙——老墙，是认作我的祖先的，他们就是以土墙的模样、神色，存在于我的视野、记忆及联想中，没有再好的理由，使我不把祖先与老墙联系起来，他们一直生活在老屋的日月，一年四季，三百六十五天，二十四节气，见证这些必须经过的时序，每天与他们的后代见面。

如此，我当然也有理由相信，老墙是有表情的，尽管并不丰富，木然、灰色，其基本调子就是乡下的岁月。农业的一切历练在老墙上能找到要诀：一年一样的期待，春种秋收，火光、炊烟，饭菜之香，儿女与牲口同样繁衍生息，发出各样声响，汇成乡下经久不变的口音或方言、风俗、经验，或不能说破的禁忌。是这样的，比如，走了多少曲折的路，苦难、失落，希望破灭，甚或绝望得要死要活，回过头来，看见一堵老墙，超越千难万险，引导归来者走对自家的门、园子、狗吠和亲人的张望，剩下最后一口气，一定是给老屋留下的，那堵老的灰灰的表情木然的老墙，相信我吧：它是乡下的人们不怕磨折的最后的靠山。

老墙是有温度的。人体的温度。一年四季，它真的只是一种恒温，像我祖父背上的温度，像我在老家吃饭的时候，那些油煎火熬的日子，老墙的温度，正好是饭菜的温度。严冬时节，只要把脸颊贴上老墙，就能感到火焰的温度；劳作归来，只要把背抵靠在老墙上，就有暖流传遍胸腹。即便是夏天，老墙也是一领凉席，让心平静。乡下人固执地以为，老墙的屋子冬暖夏凉，这正好是家的感觉，可以依靠。

无论是白灰抹面，青泥抹面，还是土坯的、青砖的老墙，长长的岁月过去之后，盐分泛出，在老墙上勾勒出极其丰富的玄想，宛若家族的图谱，山河形胜，来龙去脉，凝神片刻就能读到久远的东西。比如，源头和流浪的过程。比如，祖先的面孔，面孔上的表情，他们已然深深地渗入墙面，就是那些土色，土色中的花纹。把耳朵贴上老墙，一定有无数的声响发出，悠然而繁复，有风雨雷电的变奏，有庄稼生长，有人声喧哗，当然有河流的巨音，它们来自远方，从门前流过。

我看到过乡下那些无助的岁月，推倒老墙，用老墙土熬硝、煮盐。硝，用来制火药，火药与铁铳结合，安息雨险风急；盐产生力气，有盐的日子，大抵什么样的苦难都可以度过。有盐分的老墙，恰好说明家的终极味道：盐是那么朴素，可以忽略不计，没有谁意识到，盐可以撑起一个完整的家；盐又是那么深刻，没有盐，生活在哪里，五谷的清香又在哪里，我们骨头里的力量又在哪里！一堵老墙倒下了，它被主人一星一粒都不浪费地抛撒进土地，有老墙土加入的耕地，庄稼喜悦，它们用丰收回报老墙。我看到被遗弃的老房子，在故乡的大地，任风自由穿越，任鸟兽自由栖息。有山竹、牛筋条夹筋的老墙，有稻草和苎麻嵌面的老墙，多少年不会倒塌，像一部老词典坐落在凡俗乡间的河湾或山坡的书架上，静静地等待阅读的双手和双眼。

副业队

早年高山队到了冬闲，专门有副业队，有挖药的，有伐木头的；妇女组织起来编蚕笼，预备春里养蚕用。有几年，时兴过革命化春节，冬里不叫人歇懒了，壮劳力上山修梯田，办水利，把坡地改成梯地，在乱茅草坡里修水田。匠人放线砌坎子，小伙子组织成青年突击队，姑娘、小媳妇组成铁姑娘班，专一开石头，运石头，挖渠道，抬堰塘，给新改成的田打面土。工地上开了伙食，砌几个大山边锅，烧水的烧水，蒸馍的蒸馍，煮粥的煮粥，乱刀子剁白菜、萝卜煮成汤，有时还整些豆腐块子一起煮，改善生活，修成一抹子田了，公社来干部表扬，叫整一扇猪肉集体打牙祭，一个冬里很是热闹。没劳力的老头、老太太组织起来打草鞋。打的草鞋有稻草的，有龙须草的，最好的是用苎麻打的。如果哪个心思巧的，弄些破布条拧成绳儿打到满耳草鞋的帮子上，那是上品，要表扬的，也要加工分。公社干部农忙时下到生产队指导生产，参加三夏劳动割麦子、收油菜，很容易看到干部脚上的布绳草鞋。有《沙家浜》后，干部脚上草鞋头儿上，缀一朵红绒线绣球，很扎眼，乡下年轻媳妇们看了，嘴里直吸溜，“哟哟”有声，说郭建光来了么！最巴脚巴活儿的，还是稻草打的草鞋，材料贱么，甚样的泥地都敢蹚，过河拖水也不惜，穿着稻草鞋的，都是正经做活的。夏天穿龙须草鞋，或者是干部，或者是讲究的小媳妇，轻巧，凉脚，一般走干路，细听“咕咕”作响。苎麻金贵，可以卖到供销社去换现钱，一般人不去穿它。大队干部有时穿，哪个小队干部偶尔穿一回，必遭人白眼，说是嘲天神儿，能个屄么！一双苎麻草鞋可穿半年，越穿越巴适，养脚。

满耳草鞋是冬天穿的。一般讲，专供上山闹副业、搞小秋收的人穿的。比如，挖药材；比如，伐木头。一般草鞋透空，一跟一鼻十个耳子就成了。满耳草鞋的帮一圈里都是耳子，随便一双怕要绞三四十个耳子了，密实。冬天不下雪时，穿双布袜子就可防冷；若下雪了，布袜子外头再包一层棕裹脚，抽紧密实的耳子，就可以大胆走雪路、蹚雪窝子。裹了棕布的脚，自生热气，从脚心直贯到头顶，脚热和，一身都热和了。

在副业队，伐木最吃香，工分高，粮饭也足，尽肚子甩。比如，打草鞋么，就是一个冬里一百、二百双的手脚，又能打得多少草鞋呢？五六分钱一双去供销社卖，又卖得多少钱？妇人们编蚕笼子，不是用来卖钱的，忙一个冬，也见不着现钱，只图婆婆妈妈在一搭里热闹，显得有组织有纪律，有个冬不闲的气象。进老林子挖药材，草药也不是生产队专一种植的，哪里就能成片地等你去挖，找着了，就挖上了；找不着呢，还得记工分。找草药的都是些草药把式，过去行走在民间，专一作精作怪给人扯草木根根治病，治肚子胀，治气血两亏，治妇女病、脱肛或下淋不止。有个草药先生很有名，专治妇女不孕的，也奇了，任甚样的肚子，吃了他的草药汤汤，就见怀了。这个草药先生很是兴运了几年，后来就落败了，犯了作风的错了，他个家伙治妇女不孕，有时也动手动脚在妇女身上治自己的瘾症，公社里就派民兵一铐子铐到县上，关了半年，问不出个所以然，没人告呀，就只好放回生产队监督劳动，不许再看病，尤其不准再摸妇女。

现在秋河一带，时常还有草药先生的笑谈。早些年，草药先生背个布褡裢去镇上赶集口，就有好管闲事的老年人指点他脊背，说某某家的几娃儿就是草药先生种下的，跟他名下的老子一点也不相像么！恰好跟草药先生是像的。他们会说上一个半天，啧啧作叹，说："像得很么，一个模子刻下来的么！"这样的指认不止一家的娃儿，我就听说过不下十家的，都是草药先生布的种。我还在县里工作时，下乡见过草药先生，精精干干的，留一把山羊胡子，眼睛小而深陷，看人时有亮光，人也讲究，穿着干净，走路自顾自，有板有眼的，赶集时在乡下人堆里很显眼，像退休教师，有帝王相。

草药先生不行医了，平常自个儿在生产队做活，跟妇女同工同酬；冬里就成人物了，带着一帮会作精怪的汉子上山挖草药。草药先生通药神、山神，偌大的山场，林子密得不见天光，哪搭有草药，他一门清。草药先生指点大家挖天麻、党参、玄参、何首乌、牛膝、当归、黄芪、黄连、猪苓、七叶一枝花，也高兴挖金钗。金钗专治妇女病，叫作一把抓，却长在半天云高的岩头上，那是猴子、果子狸才够得着的药，草药先生不叫金钗，他叫天药，天上人吃的药。采了金钗，草药先生拣好的自己匿些在褡裢里，队里人也不说破，只笑他还想着给妇女瞧病，贼心不死。

草药队运气好的年成，一个冬里下来，能给生产队收入小半季卖公购粮的钱。哪一年队里工分值钱了，比如竟然合着一块钱一个工分了，里面有三毛钱必是挖草药挣下的。挖草药没响动，人入了林子，如泥牛入了海，草药先生叫个民兵背杆七九步枪，偶尔就打一头野猪，在草药队宿营的岩洞前的场坪上，细发地烫剥了，用个大号的钢精锅架在柴火头起煮了吃。一个冬里下来，草药队的人都肥胖了，脸上布满红润，想呵，大锅煮肉，除了盐，草药先生又不知放进多少草药根根呵！所以，和伐木队比，虽比不上挣钱多，生活却好，贪嘴的汉子，都喜欢跟着草药先生进山，不图个挣工分，只图个好口嚼。

伐木队进了老林子，叮叮梆梆满世界晓得，阵仗大得很。巴山海拔一千五百米以上的地方，集体林和国有林交错分布，国有林没人认真管，集体林就要占国有林的便宜。往往一个冬里下来，三分之二伐的国有林的树。进山要认林子，明显得很，有大树的林子常常是国有林，集体林在半山里，稀稀拉拉像人的秃顶，国有林在山脑脑上，大树有时便保住了；反过来，糟害得不成个林子的，往往也是国有林，乡下人成精了，砍树么，能砍国有的先砍国有的，集体林倒存下些好林相了。

1979 年，我高考完后跟一个林业勘测队在大巴山里跑了二十多天，一天三块钱工钱，管饭，那个跑哇，印象中是把大巴山跑了个遍了。我们都是沿着没有人烟的地方走，没有现成的路，成天价钻老林子，翻岩过涧，从树杈杈间走，荡根大藤一个忽悠就荡过几丈宽的山涧，到了对面的山岩上了，那个身手之矫健，至今怀念不已。老山里的树真是老呵，动辄几人合抱，在阴坡或峡谷地带的大树，树上挂满松茸，树身上结满苔藓，或缠满长藤。老林深静，静得人不敢发声说话，若不小心说大了声音，整个林子似乎都在嗡嗡回应，像是一个苍老的声音在半空中向你问询。站在山脊上看谷里的树木，只看见硕大的树之冠，如涛如浪，黄白青红地富于变化。在海拔两千米以上，大树消失，大片的草甸间零落散布着低矮的灌木，别看其矮小，多数都有百年以上的年龄了。站在这样的地方，看一层层低下去，并向远方汹涌而去的森林，心中那个感受无以言表。在大老林间奔走，人容易饿，我们每到宿营地，就在帐篷外找块平地，架起大钢精锅，打来山泉水，烧得如花样翻开，然后煮面条吃，加进化猪油、大把的盐、辣子面，有时恰好遇到山上有野葱，采来洗净揪成乱段，与面同煮，那个香呵，我十六岁的肚子，竟然与人家壮汉有得一比，连汤带水吃过五大碗，一碗一斤重该有，算分量过了五斤吧！我们在老山里造访过一处生产队的药材场，专一在老林子里种黄连，也叫黄连场，场员已有半年没见过山外来人了。他们大方地拿出他们熏得墨黑的腊肉，用大火烧得开花，洗刮净了，大锅放量煮，加了新鲜的牛蒡、风干的天麻、党参，还有他们自种的洋芋，那一顿也把我吃成了个傻儿，肉饭都吃到喉咙口了，只敢直着身子坐。我至今还记得那个药材场的名字，就叫黄连场。

伐木队自带干粮、菜蔬、盐酱、干辣子、苞谷酒，找一处避风的半坡，扎下窝棚，一扎一个冬天，就在这方圆十几里的老林子伐木。伐木队三十几号人，一色青壮劳力，一个民兵连长带队，一个当过县劳模的小队长打副手，人马都穿着劳动布的宽裆裤子，紧袖口的工作服，磨得油光闪亮，肩头扎着千针百线纳的垫肩，脚上苎麻打的满耳草鞋，脚上布袜子外面包棕，膝盖以下打绑腿，一队人马出来，在场坪上站齐，然后背着斧子、排锯，后腰头别着弯刀，磨得如一弯雪亮的月牙，闪着寒光，很是英武！民兵连长腰间扎一条人造革的棕色武装带，穿一件竖绗的旧黄军棉袄，动不动就敞起怀，大口呼白气，骂人，指派人做这做那；他身上斜挎起一个军用鳖娃子壶，壶身磕打得凹凸不平，绿漆已脱得要光了。别人都只是随便用麻绳拴一只水葫芦在尻子后头的，只有民兵连长讲究，喝水要伸直了腰身仰起头，一口一口地匀喝，有节奏，很有干部模样，在伐木队里，一满都听他分派。

伐木队响动太大，把老林子的大牲口都早早惊跑了。民兵连长枪法好，能打香头子，可一个冬天下来，却响不了几枪。伐木队羡慕草药队，说，队长你也给咱打头猪吃吃么，民兵连长骂道：也是哦！他娘的，猪都跑到草药先生那儿去了！就发誓要打野猪。选一个日子，分派了活路，叫小队长负好责，走时弄得天大个声响，选四个身架硬的汉子，别了弯刀，专一带了棕绳，吃一肚子干馍，说："打下大猪了，要好生抬回来，一根猪毛都不兴丢下！"一行人踏着深雪呼哧呼哧地就进林子去了。猪路是找着了，时常找着岩下的猪窝子，有一地的猪懒毛，一时又见着一地的猪粪，还没怎么冻硬；一片阴坡里，成片的麦冬草叫猪翻了个遍，橡子树林下一窝上十年的猪苓也叫猪翻着了，啃吃得有一边没一块的；越过一带深涧，一个半坡上的蕨根地叫猪拱得更是乱象，明显是一群大猪——找了大半天，太阳都寡淡地坐在桦树梢上歇气了，猪却还是没个影子，几次都听得猪叫唤了，闻到猪屎气味了，只是不现形，民兵连长就朝着空中放一枪，“嗵”的一阵回响，把林子震得直落黄叶，飘雪末子，连长挥挥手，说声“撤！明个儿再打！”去时兴高采烈，回时，垂头丧气。向晚，营地窝棚里还是水煮洋芋就苞谷饼，舀一勺生油，黄拉拉地漂在汤面上，一帮子人吃得闷不作声，猪拱一般。

时不时地，草药先生的队伍必定要路过伐木队的营地，歇个脚，卸下半扇子野猪肉。民兵连长脸上挂不住，任人欢天喜地把野猪肉拾掇进锅里。很快林子里飘满了肉香，一帮子眼皮子浅眼里没领导的伐木汉子，只见着油花一朵朵地在大钢精锅里翻白、变幻，口水牵成长线线，眼睛直放绿光。或者围着草药先生添水进烟，说些骚情话。草药先生从背的褡裢里摸出些草药根根，丢进锅里，片刻肉香味就有模有样的了。开吃，连长陪着草药先生喝苞谷酒，酒喝得猛烈，话却不丰富，渐渐地就把草药先生灌醉了，自己也红脸巴赤地说大话，说自己在部队一顿喝过斤半西凤酒，把个营长都撂翻边了。

一个冬渐渐也过去了。伐木队在方圆十几里地面上，伐得了树木，一律剔剥得整齐，裁成段木，解成枋子，顺山就势地梭溜到一个沟岔间，码成了垛子，准备运出山了。民兵连长一打眼就能算出一个冬天采下的方量，一个方量多少钱，总共多少钱。他知道，这些钱分到每个工分上，是不小的数字哩！比如，今年工分要合到一块钱了，那草药占三毛，伐木收入便能占五毛、六毛哩——快过年了，这个年会因为工分值的提高而社员到手的现钱比往年增加，日子便要油润些哩！想到这些，民兵连长脸上放光，吆喝人的声气也高大起来，整个林子都成了他手下的队伍，听着他指派了！

一个冬里树伐得明朗，有板有眼，一色的冷杉条子、桦木、槐橡树、青冈木、油松，也一律只是三四把头，三四十厘米粗大。伐过的林子间，古老的大树还兀立着，它们身边的小树伐去了，林子间显得空阔，似乎空气也喘了一口粗气了，流动起来了。

伐木不伐大树。伐木队留下两人抱、三人抱、四人抱或者五六人抱的树，叫它们继续地长。在老林子间伐木有规矩，遇见老老的大树要绕着走，不兴亮刀子晃锯子的，也不兴大声喊叫，要屏了气息，动不得大树身前身后的一枝一叶一草。这是哪一年定下的规矩？谁知道呢，这样的规矩自早便有，敢进林子伐木头，遇见英气逼人的大树，或老得神鬼附体的大树，伐木队就是要绕着走，碰都碰不得。正经的冬天的副业队，伐木头，都是这么做的，没人教他们，他们都晓得要这么做。大树，留下了，只伐小的、中不溜儿的，能劈成枋子的，能简单裁成原木的，大的做梁，小的一握粗细的做坑道木，通直的如杉木、桦木，便做檩子，桦木也可打上好的家具，做高低柜销给城里讲究的人。槐橡树结实、经腐，可以做大房子的廊柱。公社里的大会议室，往往一个通间要坐一二百人，屋子里的一排、两排柱头往往就是槐橡树。松木的也有，却要油漆，不然出油，一蹭人一身油。从老山里伐得了松木，一般要就地解成板子，一寸厚，叫寸板，两寸以上就叫加料枋，还是个坯料。解成三分厚了，那便叫椽子，乡下人建瓦屋，要用椽子，公家建房也用的。松木解成椽子居多，松木皮实，有韧劲儿。

民兵连长是我的一个忘年交。我小时候在秋河沿上生活时，他还是民兵连长，娶了冬里修水利的铁姑娘班的一个壮妹子，水桶腰，磨盘屁股，日子过得幸福，两个人能生养呵，一口气生了两男两女，见风蹿。他给我讲在老山林里伐木时，事实上他已伐不动了，更年轻的小队上的干部，带着大家伙儿进山。每到原木、加料枋、寸板、檩子、扎成十字架儿的椽子运出来，民兵连长总要背着手去检视一番，看了直摇头。渐渐地，伐的木头不似了往年，讲粗细，讲通直，讲劈成的枋子，解成的寸板、椽子，都不似往年齐整、热闹。

“山上树少了么。”民兵连长说。

我知道，老山里是有那么多的大树的，随便一棵伐下来算材积，大者可以有四五方、上十方的么，民兵连长摇摇头说：“正经人不砍大树！”

他给我讲大树的讲究，大树么，成了精了，你一斧子下去，树流血，一锯子下去，塞死了，拉不动，大树哭哩，咒人哩，谁敢动大树？！

我小时候贪玩，也曾跟着伐木队进山去，还真见过树流血：老老的松树，冬天自己裂开口子，流松油，起先是奶白色的，见了风，凝住了，变成了黑红色，真像血结了痂了。伐木的人说，那是松树的血么！老老的桦树，通体都是红色，撕一片桦皮下来，就能看见桦树流出血红的汁水。老的槐橡树随便砍一道口子，流出的树液竟也是红的，细细地渗个不停。高处的冷杉看似干焦焦的缺血少色，下个口子，也流汁水，很老的冷杉是一滴一滴地流，红的。

“所以么，”民兵连长说，“树跟人一样，年份久了，就是个精是个怪，可不敢砍大树哩！”

红对子

我老祖母其实并不识字。小时候我在老屋寄住，家里大人言语中总流露说祖母识字哩。比如，我父亲成上年天气不回老屋看他老子娘，也不看他儿我，就来一封信，信皮子揉得皱巴巴，大伯父取回信来，就喜欢高声说，云娃儿，快叫你奶来念信。彼时，老祖母若是在灶火屋里，就隔了几间屋回话，我占着手么，哪个识文化哪个念！若是正好也在堂屋里，接过信，在手里看半天，又递给大伯父，眼睛里有些泪花花，说，你念么，我眼花了哩。大伯父先自己看一遍，若是信中有大事了，便念给一屋子的人听，若是家常小话，就把信重又折好，说，没个啥，念屋里头都好哩么。

对于老祖母的识字，老祖父往往笑说，识哩，扁担大的字，识得一箩筐。人小哇，把老祖父的话当了真，一箩筐，也不少么。一箩筐苞谷，一屋人能吃得上月天，若是腊月里给猪催肥，一箩筐苞谷、一头三指膘的肥家伙也够了。一箩筐字，那得有多大的文化！

大伯父当然是有文化的。他当大队长，当然就有文化。但在我老屋，好像沾文化的事，都是老祖母做主的。比如，要过年了，不管是天旱了，歉收了，或是收着了，家家户户都喂了过年猪了，雷打不动地，老祖母一进腊月，就张罗屋里的对子。往往就把一院老宅子贴得红火，大门上要贴，迎面的两个窗户要贴，耳房的门窗要贴，后门要贴，灶火屋的门要贴，猪圈要贴，牛圈当然也要贴。年年老屋的红对子，估摸得贴上七八副才成。

老屋每年过年的对子，都是村小学校韩先生写的。到了腊月后半截儿，韩先生就在自己灶火屋兼睡房里，把判改作业备课的柴桌案子收拾利落，铺一叠读旧了的《安康日报》，找块墨出来，在一个搪瓷碟子里磨墨，墨磨得称手，就给拿红纸来的人写对子。红纸铺在旧报纸上，捋得平展，韩先生就饱饱地蘸了墨写，等对子的人帮着牵纸，一副写成了，款款地牵着铺在地上晾。等对子的人嘴里咝咝地吸气，说，写得好么，写得好么！韩先生写一阵，就放下毛笔，歇一口气，边搓手，边看地上的对子，有时就高兴起来，在对子面前，左看看，右看看，好像心里也在说，写得好哩！然后畅快地说，来，咱再接上写。

韩先生字写得规整，四方四正，像农家砌的墙，也像五月栽秧湿泥抹面的田埂。识对子的人就说，韩先生的对子，胳膊是胳膊，腿是腿，头里一个字招手哩，后头一个字就应声哩！还有的说，韩先生的对子么，生成一圈猪娃儿，母猪生得好，个是个，大小一般匀。每每韩先生听了，便笑，回说，会说话不，会夸人不？干脆说我是个老母猪得了！笑归笑，嗔归嗔，韩先生写字有人夸，看样子是高兴的，人越夸，韩先生越写得勤恳，写一个字，还用眼瞄一瞄，好像真如砌墙，看砌得正不正。

我在老屋时，年岁虽小，却也早受到教小学的母亲影响，破了蒙了，大小也识得“天地人，太阳月亮，金木水火土，我爱北京天安门”。到了腊月后半截儿，我知道韩先生要写对子了，就跑到小学校看韩先生写字。韩先生的毛笔，个头短粗，笔头的毛用秃了，像似韩先生的两截卧蚕眉。韩先生写字费力，他蘸墨，用笔头在搪瓷碟子边沿上膏呀膏，然后深深地吸一口气，憋住，下笔。韩先生每吸一口气，我都要跟着憋半天，直到他把一个字写完毕，才“扑”的一声呼出气来，我也跟着缓过气来。有时我动静儿大了些，竟吹出鼻涕泡儿来，小脸憋红了，出气时“不”的一声，韩先生就抬起头来望我一笑，说：“不个啥？”我就很羞，下一口气悄悄地憋住，生怕韩先生又笑我了。

韩先生写毕一个字，把憋了一阵的气吐出来。其实不是吐，是吹出来。像是乡下富态的老人家吸水烟，一撮绵烟在大拇指和食指间捻呀捻，才嵌进红铜的水烟嘴里，凑个纸煤儿点燃，深吸三口五口，鼻子里连冒三股五股白烟，一提烟嘴，噘起嘴唇“扑”地一吹，那烟嘴上的一撮烧透的绵烟就吹飞出去了。动作连贯，讲究，优雅，透着一股劲道。

韩先生当然不吸水烟。韩先生吸纸烟。五分钱一包的“羊群”烟。

每隔半拉月，公社跑邮包的老崔，就爬几面坡，到一趟我老屋来送邮包。日子长了，村人直叫他崔邮包，好像人家本名就是如此的。崔邮包只到小学校落脚，把邮包里的报刊腾到韩先生的柴桌案子上，报纸是《安康日报》《平利报》，间或也有几封乡下人的信，都叫韩先生周转。还有《红旗》杂志，每月都送一本来。崔邮包给韩先生捎一条灰瓦纸包着的“羊群”烟，那就是韩先生半拉月的伙食哩。

小时候在老屋，天晴没事了，我就到韩先生的小学校去耍，一来剽学几个生字，二来贪看报纸，我最早从报纸上看到孔老二、林彪。时间长了，《红旗》我也看，看到批林批孔、反击右倾翻案风、批周公。我后来上初中，写作文，写得一手好议论文，语文老师表扬说，刘云理论水平高，将来是个写家，捏蘸水笔、耍毛笔的。老师哪里晓得，我在识字不全的年纪，就通读《安康日报》《红旗》杂志哩！

后来韩先生跟崔邮包成了儿女亲家，到退休好得不得了，韩先生乘兴写了一幅好字，叫崔邮包来欣赏，崔老汉看不懂，也恭维说："好么，写得光眉子华脸的么！"崔邮包在坝河里逮了一个王八，熬成一个细汤，颠颠地请过韩先生来品尝，韩先生品尝完了，说，"好东西么，就没做成，腥得很！"崔邮包也乐得兴致，说："对着哩，对着哩，下回多加些紫姜！"韩先生的小子，娶了崔邮包的幺女子，像是有包办的意思，几年不和顺，小两口一直怀不上个娃来。把个韩先生急得不行，见了崔邮包就怨道，说这个亲结得马虎。崔邮包倒不急，说，种个黄姜，也要三年才开窝么，到时辰就有了。果然小两口就有了娃了，自此亲热得蜜一般，韩先生这才落下心来。

韩先生做到我老家县城的第一小学的校长退休。他 1978 年平反，在我老屋的十来年，他吃大队的口粮钱，平反另给补了钱。

老祖母张罗过年的对子，并不图早。虽说早早就嚷嚷着叫大伯父、大伯母赶早到公社的供销社去，买回来一沓子红纸，却不急着去小学校请韩先生写。老人家的道理，挑水图早，绣花图巧，写字么，要待得先生手写顺了，才好！ 看看腊月后半截快到底了，才起身。 要写对子的那几日，老祖母整日在灶火屋进进出出，早饭、中饭、夜饭拾掇彻了，一大家人都吃停当了，还在灶火屋头忙活。 终于要出门了，老祖母换一身米汤水浆得“刮刮”直响的毛蓝布褂子，头发也专一用洗脸水抿得水光，唤上我，颠着小脚一起向小学校走去。

老祖母出门的天气，晴得蓝汪汪，空气净得像井里早间的水。 老祖母颠着民国年间裹的小脚，走一步，身上的毛蓝布褂子就“刮刮”地一响，老祖母就用手在衣摆上捋一捋，再一走，又一响。 我走在老祖母屁股后头，听着响，就想笑，“刮刮刮”的声响连着声了，我就笑出声来。 老祖母回过头，望着我也笑，笑得羞涩。 我若是忍不住，连声地大笑，老祖母就停下脚步，望着我也大笑，露出两个豁门牙，腾出手，在我头上拍打一下，骂道：你个碎狗日的，笑话你奶么！

老祖母胳膊肘挎个手篮子，写对子的红纸折成方，盖在手篮面上。 从我老屋到小学校，是一面坡，我撒欢儿时，要跑两三气才到得了小学校。 老祖母颠着她的小脚，往坡上走，小脚一下一下像夯墙，也像挖地。 我跟着跟着就直喘粗气，叫唤老祖母等一等。

韩先生写了半拉月对子，差不多一村的人户都写得毕了，却记得还有一户没来写哩。 案子还没收拾，墨也磨在碟子里，那根短粗的毛笔搁在碟面上，随时等着写字。 下了学的韩先生远远望着我们走近了，双手就从棉袄袖筒子里抽出来，两个手掌交替地互搓。 老祖母远远地见着韩先生，就露出豁门牙“嚯嚯”地笑，招呼道：“韩先儿，韩先儿！”

韩先生用一把铝皮的尺子当裁纸刀，把老祖母带来的红纸裁成宽溜溜、窄溜溜一大堆，然后一张张地铺在旧报纸上，开始写。也不问老祖母写个啥，就一气呵成了。老祖母一旁看韩先生写对子，一边嘴里不停地咝咝地吸气。韩先生跟我说：“娃儿，帮上牵纸么！”我就帮着牵纸，韩先生写完一溜，我就牵到地上铺着晾。一时半会儿写完了，前头的也早晾得干爽。老祖母拿过手篮，从篮子里捡出几样礼行，一一递给韩先生看。我这才知道，老祖母的手篮子里，上面是红纸，底里是盛着给韩先生的礼行的。有一方烧得起泡、洗得金黄、煮得巴糍的硬肋肉，两方手掌大小的老豆腐，一盘腊小肠，三个血豆腐，四五块紫姜，四五头蒜，一瓶安康酒厂产的粮白酒，一包“羊群”烟。韩先生起先蛮推让，连声说“不值当，不值当”。老祖母却不听韩先生客气，一骨堆儿把篮子里的礼行腾到韩先生写对子的柴桌案子上，说：“值当的，值当的！”韩先生一旁直搓手，脸上却带着万分的不好意思，羞得两坨卧蚕眉一个劲地抖。老祖母腾空了篮子，转身拾掇地上的对子，一副副折得齐整了，放进篮子里，起身跟韩先生说：“对子我就请走了啊！”

请回了对子，老祖母惜得不得了，好像捡了金元宝，藏在睡房的银柜里。到了年三十下晌，老祖母专一熬了小半锅苞谷面糨糊，自个儿颠着小脚，房前屋后地贴对子。我打下手，给老祖母递对子，递糨糊刷子，贴完对子，上半身全糊上了糨子，老祖母笑道，哈哈，我娃成了匠(糨)人么！

腊月里老宅院一经贴上红红的对子，灰不溜丢的老屋子，立时有了生气，好像苦咧咧的大门呀，小门呀，窗户呀，灶屋门呀，都在咧着大嘴笑，风一吹，对子纸噼噼啪啪地响，吹着小哨儿，整个老屋子好像都在战抖身子。猪圈呀，牛圈呀，也有了过年气，接槽猪叫唤得比冬月欢实，老祖母一看对子，眉眼就眯成了缝。

对于韩先生写对子，我心下生起很多想头，就跟老祖母对话，说韩先生写对子的事。我说，不值么，写几个对子，送这么多的礼行！老祖母说，你个娃儿，不晓得写对子也是出力气的么！

说得起兴了，老祖母就说讲起小时候族里人户凑份子钱，在祠堂办家学，族里的伢子们鼻浓涎吸地跟先生念书。男娃儿念，女娃不许念。“好听哩！先生唱书，娃儿们也跟着唱书，娃儿唱跑调了，先生就用尺子打手板心，真打哩，打得娃儿哇哇哭，他娘老子听着了，反倒笑了，说先生教得好，娃儿保管有出息了！”老祖母那时不小心也剽学了几句书，一个人做乏了事了，把书念出声来，有时娘老子就骂她，叫她趁早收了心，“可心收了，耳朵收不了，还是把先生唱书听去了”。

老祖母说，不管族里再旺，先生受人敬重。先生一年挣十个银锞子，逢年过节族里吃香的喝辣的，也给先生送香的辣的。冬月里杀猪，大户头家的，必要给先生下一方硬肋。新米出来，第一升米要给先生供享。有个先生吃长素，族里的媳妇轮流给先生做豆腐，长豆芽。年下了，选一个针线最麻利的媳妇，给先生做一身新袍子、一双新布鞋。然后，冬学毕了，族人点一挂鞭，拴一挂车，送先生回家过年，十五一过，又拴车接先生回来。

老祖母说得我口水长流。我说，我长大也要做先生！

老祖母抚着我的脑壳说，好着哩，娃有出息哩！

我说，我不要吃硬肋肉，也不要吃豆腐，我要吃猪大肠炖白菜！过年杀猪了，家家的猪大肠都归我，我是先生么！不知怎的，我打小就喜欢吃口重的东西。比如，新鲜猪大肠炖冬月里的老白菜，慢火炖，直炖得入口即化，还得还些猪粪味，腥膻些，就了火烧馍，好！这般粗口，我保留了若干年，现在若凑巧，上了桌子，我也不排斥。

老祖母对我的先生梦，笑岔了气，半晌缓过来，说，我娃哟，说着说着，又没出息了么！

韩先生大约是1974、1975年离开我老屋，回县城里教书了。公社给配下个女娃娃，民办教师，在队上分口粮。女老师好脾性，五短地壮实，上半天下学了，女老师就到队上出工，肯出力得很，男人都不如。我大伯父心肠软，说人家个女娃娃么，不易哩，算个全劳力吧。女老师出半天工，挣十个工分，一年下场，竟是分得两份口粮钱的。年关了，队上派一个富农分子，架起个拃背篓，给女老师把口粮送到山下，高高兴兴地过个好年了。

女老师好是好，就是不能写毛笔字。老祖母因此常常念叨韩先生的好，对女老师多少有些看法：先生么，怎么就写不得一手好字哩！再到年关，老屋的对子，需要大伯父到公社的集上请人写了，一副对子两毛钱，写回的对子，老祖母在太阳光下瞅半晌，评价说，不如韩先生写得好。说韩先生的字，胳膊奓起，就是抬夯的杠子；脚蹽起，一日能走百里脚程；身是身，胯是胯，脑壳昂起，是能转的磨盘。评价毕，对子随手搁下，年三十再贴，就不张罗了，害得大伯母贴半天都不得展掖。

老祖母一到年关，就念记韩先生的对子。到临了，她也不晓得，自第一小学校长的位上退休后，韩先生又做着县上书法协会的会长的，到了腊月，喜欢在街上摆上案子，给乡下进城的人义务写对子，要不，老祖母一定得叫我大伯父山远水远地进县城盘年货，顺带捎几副韩先生的对子哩！

城市斑鸠

巴山大梁下的八道河是由高山峡谷中的河流构成的。说是八道河，其实哪止呀。就一个大峡谷，两岸又套着多少小峡谷，想象中是一个巨大的“非”字，笔画上却又不止那六横。从源头冯家梁、东河垭口数起，百多里水路，得有多少横呀！

八道河最著名的是沿途的水竹、白蜡树。还有香樟？似乎一定是有的，原始地带的香樟不容易与白蜡树区分，它们长得一模一样。阴湿、幽暗、狭长、深切的八道河，一年四季只有水声、风声贯穿。此外还能听到什么呢？似乎再也没有了。

还有，就是那斑鸠之鸣。

八道河众多的河流之岸上，斑鸠声长、声短，在某一个安静时刻，猛可地响起来，“咕咕，咕——！”我说猛可地响起，是一天到晚的水声、风声中，淹没了鸟鸣，各样的鸟生活在八道河，谁都不能盖过水声、风声。

而我分明听到了八道河的斑鸠之鸣的。那时，心静，水声、风声消失，整个时间都在定格，从水雾弥漫的河岸那端，猛可的一声，两声，然后是一串：“咕，咕，咕咕，咕——”单调而又悠长。在我听过的鸟声中，唯有斑鸠之鸣是最单调的，固执，一成不变，没有品位，没有旋律感，连麻雀都不如。麻雀的鸣叫在欢快的春天的早上，还有音乐小品的味道，更不用说，雨后的麻雀在积水潭边梳洗翅膀时，发出的精灵般的悦鸣。

在偏僻、无助、史前气息深长的长峡行走，有时就是失聪、失语，没有感觉、触觉、味觉、视觉，心静下来，搁在了水潭边的青石上，或晾晒在水边的麻柳树枝丫上，相反却听到了意外的鸟鸣：斑鸠之鸣！

单音节的斑鸠之鸣，显得古老悠远，只有古汉语词典才能查到它的发音。笔画简单，毫无创意，一个口，一个古，这一定是上古第一次记录下的音节，一成不变了，一直到今天。

在鸟类里，我从而也坚信斑鸠这种小小的生物，也当是最最古老的孑种了，不华丽，一般季节，它总是铁灰色，春天最光华之季，它会褪为银灰，反射天光，这季节的斑鸠已然交配，生殖的光华叫它们略有动人之处——我在秦岭地区、巴山地区，那些水边，浅林地带，水竹与白蜡、香樟树林棵子里，大量地发现这些细小的变化，从而感知春天之生命之季在斑鸠羽毛上朴素而华丽的呈现。

如果我说，从斑鸠单调的鸣声中，能分辨出不同地方斑鸠的口音，有谁相信呢？一如我们人的口音变化。在类似八道河一带的斑鸠，它们不大与村落、人的活动有关，斑鸠长年生活在无人的水边、林中，保留了上古口音，苍色、直白，像风敲木干，几无变化，在它那里，时间似乎一直停留在上古的，叫人不能联想，只能静听。而再往南，岚河一带，人口密集，斑鸠之鸣明显有别于八道河一带，带着四川口音，尖利，逼仄，像风从门缝挤过，或从冬天的窗户纸穿过，带着哨音。岚河一带，是丰沛的山水与山林合构的宁静之地，天地滋润，时间滴沥，人与庄稼息息与共，从而斑鸠之鸣也有了生存之味，频繁、略有变化。比如，其声调变得婉转，像岚河岸边的水声、水汽，有快乐与愁索的情绪，像村庄发出的各样声响。

越过秦岭、巴山的第一、第二个台阶，下落到河谷地带，是田湾，鱼米之乡，树木缺少层次感，但变得更为密集，人间的烟火气悬浮于天地之间，构成天与地薄薄的“窗户纸”，谁屡屡把这层窗户纸捅破了？是斑鸠。斑鸠之鸣。此外还有谁呢！

在人声真正变得寂然之时，平川一带的斑鸠之鸣会响起。比如清晨，大地刚刚苏醒。比如黄昏，大地睡意上升。在早间与晚间的平川的烟汽中，斑鸠之鸣响起：“咕——，咕——”，像出一口长气，劳乏后的叹息，体力恢复后的畅气，我无数次地听到如此的斑鸠之鸣，心口有撞疼感，仰望长天，整个身体似乎失重。我从而觉得平川一带的斑鸠之鸣世俗，温暖，人味十足，很容易叫人想到家，妇人，孩子，父母与家畜。当然还有饭食与酒，烟草，水流过手指与脊背的清凉，或者发黄的书页，书页上同样发黄的文字，单音节，象形字。

心思敏感者，如真正的农人，乡下的家庭妇女，从斑鸠之鸣中听出时间的走动与季节的变化。斑鸠在四季鸣叫，春天叫，意味着生产开始；夏天叫，意味着庄稼疯长，农人可以短暂歇息；秋天叫，庄稼已然收获，田地空荡，蚂蚱在最后一层草绿中褪去自己的青色；冬天叫，雪也许就要下来了，油菜在起旱的田垄上转青并准备转为墨色。正月里，斑鸠也会鸣叫吗？我是听过的。那时，乡下的土路，叫薄薄的太阳晒得发白，恰好到了起尘灰的程度，一群雪白的羊从大路转往山坡，山坡上草色青黄，挂着夜露。

很多心思敏感的朋友与我一样，在很多城市的边缘地带，竟然久违地听到了斑鸠之鸣。那样的地方，一般有成片的香樟林，人工栽植，但已然长得野相，在城市不停息的喧闹声中，分不清的各色音响中，有那样的瞬间听到斑鸠之鸣在城市响起，极为不真实，倾听者常常以为幻听。但绝对分明地，那正是斑鸠之鸣，古老，没有第二种声音与它们共享和替代。来自乡下悠远的林棵，水边，或至今常常提起的民俗风尚，来自《诗经》那薄薄的页码，孔老夫子与七十二贤人听过。自从第一次在城市听到斑鸠之鸣后，我神经质地在经过并驻留的所有城市，细致地搜寻这鸟的鸣音——“咕”一声，又“咕”一声，然后停歇，消逝了，久久不再响起，宛若一个梦境，当你十分肯定地怀疑着自己的听力时，“咕！”又响起一声，然后，是一串连续音，“咕，咕咕——”然后再次被城市的机械之音淹没。

城市的斑鸠之鸣，惆怅不已，更像是机械磨损长久地刺激我们的神经后干脆的那一声断裂。忍了好久的喷嚏终于怒放。最关键的一杯酒叫朋友喝出了豪气。是“俱往矣”的澎湃心情。是我每每读书写作灵感爆发时的那一个激灵。

是的，我经过的所有南北城市，无一例外的，都听到过城市的斑鸠之鸣，在有树木与丛林占据的地方，斑鸠发出单调的鸣叫。多么美好呀！斑鸠叫人深刻地感到脚下的土地、房屋、亲人的面孔、粮食与光阴。我因此在一些城市驻留之时，在斑鸠声中，心情平歇，化入陌生，常常自信能在某一个街口路遇多少年的邻居，他也许正好要到街角便民小超市打一瓶酱油。我们一定有过一次平常的街头对话。毫无用意。然后各自走开，我走进我家那已然一成不变的门洞，打酱油的汉子也许很快回家，也许磨蹭着顺带干一件不能叫老婆知晓的傻事，然后回去，晚饭他们家可以联想，温馨、庸常，生活油光水滑。

我住在汉江边一座干净的小城，人口不多，正好可以称为一座城市，繁荣昌盛，按部就班。工作之余，我可以有大把的时间倾听斑鸠之鸣，它们在我的小区中心广场的香樟林子中，在江水转弯处的水竹林里，有时在江水一般泛滥的街道车流中，我在一个十五层的高楼上办公，有时斑鸠之鸣在明显组成诗意的白云层间，飘过我的窗口，像细雨，或像雨后强悍地穿出云层的霞光，投射到我的办公桌上，那时常常会有一些生动的细节，叫我感动半天。

每天穿行于城市，读城市的背影、面孔，读熟悉或陌生的表情，读听来或自己的故事，我都能把它们译成了斑鸠之鸣：关关雎鸠，在河之洲，窈窕淑女，君子好逑。

树咳嗽

我怀念一些大树，像怀念一些人。

樊道成是我一位早年朋友，他请我在县城郊外的一个农家乐喝老酒。时值冬日，天寒地冻，我们干脆撤去席面，围坐主人宽大堂屋的炭炉子前，裸喝，精简了菜品，只留下一盆猪蹄汤，几个山野菜的凉盘。比如，蕨菜、蘑菇、竹笋、木耳，还有一盘风干鸡，是正品的乡下乌鸡。酒是小甑子烤的苞谷酒，懂得地方土酒的喝家，到了合适的地方，会专一指点要喝此酒。

这样的酒，来自深山老林长苞谷的村落。那样的地方，一年主要种苞谷、洋芋，糟践不完的苞谷，用来烤酒。洋芋多了，也有烤酒的，也是一品，不过没有苞谷酒正经。洋芋毕竟不属于正经粮食。

“你晓得吧，冠河的那棵槲树死了。”酒过三巡，樊道成突兀地说，他眼睛对着我，像是专门给我说的。

“怎么回事？”我支起一只耳朵，半侧着身子问，并继续喝我杯子里的酒。我一口酒喝下去的时候，呛住了，我使劲咳嗽几声，“冠河？”我想起了一件往事。

“冠河那棵槲树死了，”樊重复一遍，“这是我本子上最后一批古树了。”

我想起很多年前，樊随身带一个黑皮的小笔记本，里面记录着他亲眼见过的吾乡的古树。有二百多棵。所谓古树，树龄一定要过了五百年以上。好多年前，我在冠河下乡检查“七八九”林特建园会战工作，一路同行的樊不知为着一个什么话题，出示了他的小本子，我对他报以惊奇，有了好感。“非得过了五百年才算数吗？”我那时提问。

“要不哩！古树嘛！”樊如此说。

樊学林出身，在县上林业站工作，他的话我以为权威。那次在冠河，一条沟垴上的最后一个村子，樊领我去看一棵槲树。槲树长在一道缓坡上，非常高大，至少远远望去，比周围的树木都突出。其枝叶浓密，树高八丈，威风凛然，置身其荫下，仰视，脖子酸，吾辈有儿孙感。槲树主干通直，冠盖如云，其投影所至，寸草不生，偶有槲树之根暴露地面，鼓起土堆、石坷垃，如地下的龙，其根有鱼鳞，细察，鱼鳞下竟嵌有嫩芽，一律弯向日头的方向，像一个个问号，在问天问地，问我等，深为之奇！举目测试，投荫得有半个篮球场大小。

樊告诉我：大树占地，此树得有千年以上了。

樊又告知我，大树见证一个地区的生态，大树多，则生态优，这好比一个地方，有庙即有敬畏，凡能称得是大树者，乡下必有人敬它们，它们本身就是神灵。我听得凛然。

以后与樊交往，闲暇之余，油然问起他收藏的大树。他总是很高兴我们的话题，说起来竟都收不住，我认识吾乡之树，并生向往崇敬之心，都得自樊的介绍。每下乡，在僻野之处，见到一棵大树，樊一眼便能瞧出它们的年纪，凡过五百年者，都入了他的小本子。我在冠河看到的那棵红椰，是第二百几棵吧。

老的椰树才能称得上是红椰，我所辨析的是，这样的椰，树干血红，折其枝，可流红汁。冬日低冷，其顶端的叶子，有一层竟也是浅红的，向着日头，向着天空。

我问樊，所有的椰树，都可称作红椰吗？樊说，成精的椰，才叫红椰。何为成精者？我问，樊笑而不答，我再问，樊竟转而笑我，冥顽如你者，才少有呵！

红椰在吾乡的风俗中，是建筑中的劲材，盖庙用，建衙门用，若是大户人家以为自己财富了得，也竟用了来建宅子，或传家发旺了的，或竟中途没落，有学问的乡下老夫子往往叹息说，不负呀！可见椰是有身份的，不是什么样的人都可享用。吾乡老县衙的明镜高悬厅的两根廊柱，用的是椰，此衙存世二百年，毁于“文革”大火。

好木材，一言以蔽之，“千楸万椰”。我也曾见过楸树，生长在老林间，孤傲成癖，楸树周遭无大树。有楸椰生长之地，古气十足，一般我们叫作原始森林，其森然之气，只有在如此的老林子才能感受，它们有天地之灵气。

这次在农家乐吃老酒，樊还告诉我山里的大树，近年毁迁者众，他翻出随身带的小本子，凑到我鼻子前，给我指点，哪棵树什么时候起走的，现在何处；哪棵起运并不成功，伤了大根了，只好做枋子处理。冠河里的那棵红椰，是自己死的，因是道路不通畅，大型机械进不去，雇了一帮子民工用锹挖，挖了二七一十四天，见不到主根，有见识者判断其主根扎进岩层里去了，除非把一座整岩剖开，否则不能得此大树。作罢，回填其土，围石以固之，此后过春热，无新叶发出，再过夏热，枯萎，秋冬见凉，榔更萧索，据此可判断，该红榔已死。

林业局为此还启动救援之策，请了市里的专家来解救、会诊，给红榔挂满一身吊瓶，无果。当地农人奔走私话，当真这棵榔是神哩，竟像人也挂吊针，耸然敬重之了。

我对樊的一个用词很生敏感："毁迁"。愿求其详，樊笑而不语。毁而迁之？迁而毁之？语意太深，我竟不能悟省明白。

这次吃完酒，我们一行趁着酒兴，在城中心广场上指点世事变迁。樊指一木告我，此树也已成精。夜色中，大树纷披城市之光霓，树身四周搭着脚手架，树身也挂拉数只吊瓶，顶上覆盖着黑色网棚，树有一人合抱，直有十米，因是冬日，树无绿叶，仅张扬着精枯如八号铁丝、细钢筋之类的疏枝。

樊说，这是一棵紫荆，五百年了。去秋有人偷运出境，被林业公安截查，转植县城中心广场，仅移植费用就花去三十万元。据说，偷运者从乡下购之，光山本就达六十万元。

一棵这样的大树，运进更大的城市，转手可值二百万元，还不用交税。这是我的一个做城市绿化的学生告诉我的。第一次听说，我是极其夸张地张大了嘴巴的，同时也明白了，为什么有那么多的大树争着抢着要进城了呵！

紫荆是一种乡土树，多见于百年老村，或人烟稠密的大庙，紫荆开花坐果动辄在风中作响，花叶悦响，果实铃响，皆有梵音。

夜色中，樊突然抱住眼前的紫荆，以耳贴其身，以指敲击其干，我们大异之，齐声询问：老樊，你在做啥？！

樊笑说：“树在咳嗽。”

樊醉也。

这个情节，一直很长时间在我脑海挥之不去。我在一些城市行走，喜欢看城市的大树，它们大多近年移栽，我一个人转悠的时候，常有樊那样的冲动，以耳贴树，听它们是否在咳嗽。

清水那边的土香

我在家乡那个县当县委办公室主任时，有五年只吃老家的粮食。

准确地说，是岔路子的粮食。岔路子不是我的老家，是我表舅爷住的地方。巴山有多高，水有多长，林子有多深？在岔路子可以感受。

困难的年代，山外人向往山里人，说他们“一口水一口米”，非常羡慕。这话实诚。岔路子是陕南通往四川、湖北在巴山、秋山一带的分岔口。一条官道至此，分两个枝丫，一丫向湖北，一丫向四川。恰好的是，秋河也在这里分岔，分出两条上游河，陪着两条岔路，一条是湖北的河，一条是四川的河。

不论河的省籍，它们都是要从巴山顶上，准确地说，是秋山之巅，不知哪个岩下，哪棵树下，渗出或涌出的一股花泉，开花的泉，它们出来得太急切，所以衣衫不整，浑身挂刺带花，流归了陕西。然后向西流，注入汉江。

老家平利的河流，大多向西流。因为东高西低，也都注入汉江。汉江是一条大河。我很高兴在它身边生活了四十多年，而它的源头之一，出自我的家乡平利。

岔路子人户并不多，一个生产队，也只百多户，三百来人口。正好分成三个省，祖上都是清朝、民国手上移民过来的，四川、湖北、陕西。陕西人在两岔河以下，叫下河坝人；两岔河左手住湖北人，叫左河坝人；右手住四川人，叫右河坝人。四川人强势，人丁兴旺，做队干部的多是四川人；湖北人善做小生意，倒山货、贩日杂；陕西人多数是从关中那搭过来，会种地，讲究起房子，再穷，房子要盖好，盖排场，往往都是白墙青瓦。大户人家兴起砖房，圈一个院子。

四川人领导全村，声音咋呼，初来者单听他们声高声低地一片价讲话，以为是川地。湖北人不与人明争，暗地里攒钱，攒财富，送娃儿念书，反倒是湖北人家出干部，出老师，出供销社职工，在山外做事情。陕西人犟，做庄稼的事好生商量，搞闲淡经，陕西人直摆脑壳。我多年观察，生产队的大小事，只要四川人搞掂了陕西人，差不多就不再开第二次社员会了。巴山层层叠叠的山、林子，到了岔路子，分明就让出一大片平地，秋河从平地穿过，把地一分为二，像“田”字中间那一竖。平地老早就兴起了水田，平地尽头靠山的坡地，慢慢地也造成了条田、台田、梯田，一层一层，像书架子一样。

我表舅爷家人丁兴旺，但后辈出息都不大。表舅爷晚年喜欢跟我表舅婆婆说笑，作践她是猫子下鼠子，表舅婆婆嘴也不饶人，回敬说：种子没搞对么！人丁多，一律在家种田，田地就多，我跟表舅爷家频繁走动，已是很晚的事，那时田地已分到户了，我表舅爷家的水田都有二十多亩，犁一趟，得用十个牛工。

说平地，也是东高西低。在此，秋河自然成了岔路子的天然灌渠。每家的田，无论是坝子田，还是台田、梯田，都是迎水的，到了插秧季，在秋河沿上扒个小水口子，水就进田了。

岔路子是深山，气温低，岔路子种的水稻（我们管叫谷子）、苞谷、洋芋生长期比山外长，好吃。20世纪90年代，生活有了温饱，我家就讲究起质量了，比如，这吃粮渐渐就由老家专供。就大米来说，只吃岔路子我表舅爷家的。

“冷水米”，一说到这个词，平利人都知道，是深山里出产的米。这个词饱满、静气，叫人联想，有亲近感。我还认为有安全感，放心造呗！“冷水米”中，无疑是岔路子村出产的最好，清水米，没有痞粒子。

米带着清水的光芒，光芒指处，是清水湿润的土香。懂乡下生活的人都知道，什么样的土产什么样的粮食，自带什么样的土香。吃粮食其实是吃土。我在工作难得不忙时，怂恿自己到岔路子去，背着手在秋河沿上转悠。这是一个奇妙的心思，不为视察工作，不为写个什么诗歌散文，或调研报告，就是转悠。

这里是秋河上游，两股水合成一股水，水从阴气沉沉的巴山老林子来，一路翻着水花，气势夸张，遇到一处缓湾子，水安静了，如花的心情平息了，水就变得清澈见底，游鱼毕现，水草格外青嫩，然后又往西走，走啊走，走出一条清水的秋河。

这山，为什么叫秋山，搞不明白，自古以来就叫这名儿。古人有句诗：“性本爱丘山。”彼丘山不是此秋山。秋水好理解，此处植被太过丰茂，水色不浊，一年四季都是秋水盈盈，有人用秋水形容美人之眸，有道理。

秋水引进稻田，种出谷子（水稻），谷子脱粒成大米（乡下人也叫水米），清水下锅，煮成了白米饭。老家人说，此人成长平顺，没吃过大苦，便说：“一口水米养大的！”想想，都叫人感动、神往。

很多年过去了，种田种烦了，岔路子人如四川人，青壮年渐渐地外出打工去了，他们主要做建筑，村干部和老人、娃儿、学生、妇人留在家。湖北人也频繁外出，做生意，到乡下推销小电器，让娃儿上学出人头地。陕西人也有外出的，他们基本以乡党为团，到山西、河北挖矿，挣钱快。几年下来，在村里遇到缺胳膊少腿的、半身不遂的，夏天打摆子，冬天弓起个身子可劲儿哮喘的，一问就是陕西人。

表舅爷家的二十多亩水田一直坚持种了上十年。我表舅爷过世前，安排每年的农活，种稻最要紧了，天上一打雷，就指派种田、栽谷子。粮食多了，陈米都喂猪，四川干部就动员说：脑壳转个筋么，搞些多种经营嘛！山下很多村子在水田植桑、兴茶叶，种绞股蓝，收入增多。表舅爷家不耳视（不听不理睬），还是年年种自家的谷子。

我表舅爷骄傲他的稻，喜欢和人夸耀，说，“同样都是大米，一家就不同一家，我家的米大干部都爱吃哩！”

“大干部”就是我。表舅爷每年种谷子，一个理由是：“我云要吃哩！”我到表舅爷家盘桓，临走他最要紧的就是反复叮嘱我表舅婆婆：“把云吃的米拾掇好！”

我很感动，说：“不要麻烦么！”

表舅爷说：“嗐！你看你这个娃儿！”

表舅爷早年做过秋河的保队长，相当于后来的区武装部部长，怕也是应当享受副科级的。我经常想象他挎着支盒子炮，带着三五个背大枪的保丁，在秋河沿子上巡查盗贼，给人说和纠纷，催懒人家翻地下种，抓到贼娃子吊起痛揍一顿，问，下回改不？ 我表舅爷当个土官，是没有民愤的，现在我到岔路子去走动，遇上个老人还说，徐二爷“仁义”，我喜欢听他们讲说表舅爷的往事，民国的古意，那样的情景，还是叫人动容的。

“冷水米”，我连续吃用了五六年，应该是这样的。 后来我调出老家那个县，就无此口福了。 表舅爷过世后，两家走动也懒了，我们家每当说起表舅爷，我母亲就赞叹：“你们表舅爷是个干净的人！”

我现在到僻静的山乡里去，看到田地、谷子、苞谷、河里的水，就想到岔路子，想到那里的清水，那清水两岸的田地散发出清水那样的香气，土的香气。

水边的居所

我敢说，几乎所有有能力选择居所的人，都会把最理想的居所选在水边。

水叫人视野干净、空朗。水深彻，好像很有思想。当然，水安静，居其之侧的人，心也会跟着安静。安静已然久违了，很多人想找回来。

选择居住水边，人常常拿水面做镜子，看到自己，以及内心。如果可能的话，有时也让自己随水，风生水起。

我在水意丰沛的陕南乡下，常常会对水边人家感动不已。他们似乎刻意为之，在水边，那种临水而又不被水势威胁的恰当的地界儿，建起他们的房屋。在阳光大好的日子里，远远看去，水影倒映在房屋上，或墙壁，或窗户，或门框，水影是那么鬼魅，像有一双无形的手在搅动临河水面，而且它所反映的，一定与什么神秘的文字有关，有几回，我从水影中是真的读出一行文字的，是古老的乡下的文字，或者就记载了一则什么异事，或乡训。水影反映在人家墙面上，是呈现出金黄色的，绝不是黑影，最不准确也是水本身的清白的影调。

乡下水边的居所，用石头垒成墙脚，一直从水的一侧矗起，有的干脆从水中矗起，然后是土墙，有的是一个整体的板壁，居所上覆青瓦，门窗并不高大，一般比较窄小。房前或屋后，一定有一个通道，或石砌的，或乡下耐腐的原木搭的，是梯级状的，伸向水边，有的干脆伸进水中。这样看来，通过梯级水边的居所与水联系，水是这类居所的一部分。

我在乡下工作的时候，在这样的居所住过。无论是依坡而建，还是临空而建如水边的吊脚楼，屋内干燥，空气通畅，除了满屋子会有的粮食味，菜蔬味，就是风进进出出，带来水腥味或植物清芬的气息。入夜，在这样的房子，久久不能入梦，关了灯，躺在人家老式厢床上，身子下面或是夏天铺设的竹篾编制的有些粗粝的凉席，或是灯芯草的精制的凉席，或是秋冬季节盖着农家厚实的正宗棉花弹制的七斤半重的有着大红绣面的被子，舒坦而不能入睡。耳边是水声，几乎水流就在你枕边流淌，发出几百人走路的沙沙声。如果是夏季，这样的水声显得洪大，像牛皮鼓在快速而轻锐地擂动。其实这样的水声才催人入眠，往往只需三五分钟，听着水鼓之韵，睡意渐渐爬满了眼皮。而我不能，我只是新客而已。

在早晨，或晚间，如果有可能，我一个人去到水边，找一个草墩或一块被冲刷得干净发白的石头，坐下。我看水，水看我，我看水一刻不息地自在地流动，随意变幻出水的形状，或疾或徐，或平静，或旋涡，或遇到岸坡上露出的树根，发出细小的噼啪声，或是一块大石，也许冲起些许浪花，“哗，哗”而过，声音沉重有磁性，甚至有黏性。与水临面，人会变得很傻，水变幻着姿态启发人一些想不通的事，而人是傻的，表情只有一种，所以水拍着手，“哗哗”而去，像一个隐者逝入林深不知处。

在山中，在水边建筑房屋而居的人家，大多是老门老户，他们的房屋看似老旧，其实有气场，摄人心魄。这样的人家，威仪已久，历史感油然而生。即便以时下的眼光视作是破落户的，只要有人居住，且是这老屋子正经的主人，都不能以简单的凡俗视之。这样的主人，眼中有内涵：看穿你的来意，对你的口若悬河，微笑以对。他对你的新道理感兴趣，给你足够的时间表达，但你不要奢想说服他。我常以为这样的男人、妇人，真像水那样不轻易看透，他们在水边居住，有水的深度，沾了水的灵气，是水的一部分，或水的拟人化。

这些年，国家大量从山里向山外搬迁着人口，许多山中的老屋场残破不堪了，墙壁的地脚上长起了荒草。有些走时未清理的芍药、石榴、木槿，在夏月依然怒放，给过路的风读它们的寂寞。也有还没有搬走的，比如，我说到的还能看到的水边的居所，他们在日渐空敞的山中，守着河水。山林，还在种植的作物，延续着这一户人家的生活风尚。

在城市，看到很多刻意在水边建成的房屋，吸引有钱人家来居住。那样的地方，被称为城市的地标，黄金水岸，风水之地，伊在水中央，那里的水被人为塑成各样的形状，水岸边人为种植着造型各异的草木。推窗可见水色，晚风吹过，也有水腥气息飘来，星光落入水中，居者可以比别的城市人多看一重月色星光，他们自豪自己已然成了风景。

如果有机会，他们像我一样，去到山野之中的临水人家看一看，不知有何感想？

亦如我，每每看到水，看到水边的人家，总以为水正在给人很多启示，可惜包括我在内，什么时候真正懂得？

羊的户外

在秦岭以南，和巴山众多的草坡上，散养的羊，成群地成为山地的风景。它们无所谓风景，但它们就是风景。

与任何人工做成的画面不同的是，羊群如水一般地流动，溅起细小的浪花，有时是腾起的巨大的波涛。一年四季中，除了疯狂张扬的夏季用深绿遮掩着羊的事业，在其他的三个季节，羊公开着自己的活动，它们使山地具有动感。有时是风，刮过山林，叫山林也变成风，有形有姿的风。

与人工画面不同，羊们自带颜料，而构思从春天到来的、羊的第一声“咩”中就决定了，在这整整一年的三百六十五天里，羊用自己的构思打扮大地。它们把草尖涂成鲜绿，把浆果涂成深红，把一些藤蔓植物的汁水留在地上，把泥巴渗透糖分。

几乎一整年，羊群都生活在山地间。草丛与浅林地带的树木，成了它们的会所，如果羊自说自话，一定称之为“饭场子”，多么温馨而又朴素的一个大词，比世上最著名的文学语言都耐读。羊用简单的音节发声，“咩”，看看，羊用自己的口发声，这个字形中，“一口羊”的笔画简捷明快，没有拖泥带水，非常到位。一口羊，一口一口地吃着草的羊。

另一个词，用羊的眼光看来，它一定持保留意见：户外。很长时间我对这个词并无特别的感觉，貌似有古意的一个词吧？背包客走进了羊的视野，这个词随之产生，羊远远地看着两条腿的他们，花花绿绿的他们，也像自己一般从山坡上走过，在河岸上聚会，溯流而上，羊三三两两地站立在山坡上，或石岩上，它们发出“咩”的声音，可以算作羊向人打的招呼。

背包客们从羊的各样造型，看出中国画意，夸张羊群的某些特点，盘角的大羊，那大角是皇冠；马头羊，陕南特有的一种土种羊，身架高大，雄雌不分，它们没有高挑的大角，如果不是走近视之，怎么才能分清哪一只是雄性的，哪一只是雌性的？像马一样的羊？是马还是羊？即便近视，两条腿的“羊”能读出羊眼仁中那些淡黄、浅绿或深蓝的神色吗？羊常常说：“咩，咩咩！”它在赞美，更多的可能是在否定。

在春天一系列暧昧的日子里，无论天晴，还是天空飘浮着细雨之丝，一些羊昂首发出“咩”声，声音拖得很长，很像汉水渔歌中那些起调或尾腔，像是呼唤，也像是羊与羊之间的对话，是对这个春天繁荣程度的评价吧——到了秋天，羊发出细小的“咩”，像浅浅的雨点，落在池塘的水面上，听不出响动。整个冬天羊一声不发，无论在枯萎了的草坡上，还是暗夜中的羊圈里，羊轻轻甩动它们的羊胡须，眼光空旷、迷离。

羊一定是对“两条腿”们的“户外”活动不以为然。它们一生就生活在“户外”，圈外，棚外，栏外，村庄以外，每每成群结队走过乡野的他们（它们？）其实视而不见。老成的羊只顾吃着鲜美的水草，年轻的未染风尘的羊，可能对背包客有那么三几分钟的新奇，然后低下头安静地吃草，羊只对草有兴趣。

我们喜欢户外的理由，羊并不知道。在“它们”眼中，“他们”应当也只是仅仅少了两条腿而已。

草木光景

早年乡下讲究的人户门前，或后院子里，若是有菜园子地，必要围了篱笆。围篱笆防鸡鸭，也防两只脚的绺娃子。篱笆往往有两类，一是栽木桩，夹细毛的山竹或柴树枝子；一是干脆植一圈狗楸刺。狗楸长年青，一身的尖刺，喜欢挂人衣裤，咬人肉。春天也开小白点的细花，没得香气好闻，花落了，再结一层碎星子似的果子，不知用途。有人说能入药，治甚，便不晓得了。那浑身的刺，狗子不敢去碰，猪不敢去拱，连鸡鸭也避开走。防不防得住绺娃子，难说，贼么，想偷了，是任甚样的隔挡也不济事的。乡下话说妇道人家要守规矩，便攒个言子，篱笆扎得牢，野狗钻不进，就是说的狗楸刺的篱子。

把木槿树与狗楸刺一搭里植，往往是个大园子，大户人家的园子。好多年不知木槿树这种植物，乱叫名字。看它枝干的皮色与桑树相像，以为是桑树的一个变种；看它叶子像心形，也像手掌形的，与构树相像，便以为是构树。构树在早年，乡下人的门前屋后常见，一身都是宝，树长大了，树皮可以环剥，炮制了，可以当麻使，合缆绳，打草鞋，耐用；树叶是上好的猪饲料，养分多，能做精料使，自带油性，猪最爱吃了，是猪食中的细菜。 在乡下人户堆里，哪个门前构树栽得多，这户人家必定勤快，喂得猪多，生活也必定是庄子里排到前头的。 木槿树比构树长得矮小，通常一人高就是老树了。 除了身个儿高矮，两种树长得极像，我有一段时间便把木槿树认成了构树。 还认成木棉树，毫无道理可讲，只看其花朵儿大而雪白。 木棉是英雄树，南方树，开血红的大花。 常又自疑，木槿也开粉红的花，开紫色的花，与木棉扯不上么。

下到乡下去，从人家的园子外头走过，总要多看几眼篱子的扎法：有年年翻新的，有一成几年不打理的，有扎得结实的，透不过天光，有扎得稀松，怀疑鸡是可以钻进去的。 最虔心的其实是要看到有没有木槿树。 我很小的时候，在乡下的亲戚家，吃过一种花做的汤，用黑陶的大号的汤碗盛了，汤是清的，里面漂着葱花儿、蒜花儿，也漂着油星儿，有一种花，与黄花一起浮在汤里，就是木槿树上开的花。 比黄花朵儿大，一朵就是一口，也耐嚼，绵绵的，不像黄花是脆口，也跟黄花一样，有些甜味。 那时并不知道汤里的那花就是木槿，只晓得好吃。 好多年后，我在一个乡下人户的大园子前，看到这样的花，随口问了一句：这是什么花？ 旁边的人也随口一答：木槿花。 我便吓了一跳，我在很多的诗歌散文里，读到过木槿树、木槿花，都是很诗意的句子，从字形上看，挺有诗意的，能叫人联想这种植物的风姿一准是绰约的，还叫人想到木棉，花艳乍得骇人。 其实，它就是乡下园子的篱笆里一种常见的植物。

巴山秦岭的乡下，人户外头，多种木槿。 夏初时枝叶繁茂，花开得大朵有气势。 雪白的、粉红的、浅紫的，都艳人得很。好年成里，并没有见过乡下人吃这种花，或者花开得多，把它摘下来晒干，做成乡下的干菜。我几次听说，乡下的灾年，只要是能承口的，都要用来活命，木槿花能吃，灾实在扛不住了，木槿的叶子也要捋来了吃。我早年吃过那木槿花做的汤，也只一回，以后再也没有见过有人吃它。初夏里，天气上好，能抽条的都在抽条，能开花的都在开花，木槿花成片地开着，有层次，有厚度，它们开过了，在枝叶间怒放，然后萎缩，抽了，蔫了，一场雨打落了，一阵风吹落了，连敞放的猪仔也不去捡吃。

在狗楸、木槿围成的篱子下，乡下人随手种些扁豆。扁豆似乎是四季豆一个家族的。扁豆爬在篱子上长，开紫花，或红花，结出的豆角粗大、扁平。不像四季豆，豆角细长、滚圆。用戏曲里的人事来比，四季豆是戏里的貂蝉，扁豆则是黑脸的张飞。还有一种豇豆，身条修长，柔软，似乎应是东吴国的大乔小乔。我一直以为豇豆与四季豆、扁豆不是一族的，它们的个性太分明了。四季豆是正经种在园子里正经的土垄上的，春天到了减衣服的时辰，勤快的农人把园子里本就肥沃的土肉，起成半米见方的长条垄子，在垄子上抽沟或掏窝，浇上粪水，种下四季豆。四季豆好长，眨眼工夫就出土了，抽出嫩格生生的藤蔓子了。农人就给它们扎好豆架，也只一个早晨的光景，豆蔓子就爬上豆架，缠紧了，一圈圈地往上长，往天空长。我早年写诗，说四季豆旋转着心思，确实的。扁豆则在篱笆上爬，与狗楸、木槿的枝叶纠缠在一疙瘩。它是什么时辰开花的，什么时辰结荚的，没有谁注意。在四季豆结出嫩嫩的细条，能拉丝爆炒着吃了，扁豆也结出荚了。在四季豆有大拇指粗了，籽粒饱满了，能混在米面里蒸成干饭吃了，扁豆也老了，挂在篱笆的风中，天干的时辰，玲玲作响。

我在初夏的时候，在乡下的亲戚家，还真吃过红烧扁豆丝。扁豆的荚有二指宽，好切丝，能干的主妇把它切得如麻线。与四季豆比，扁豆是无味的，无香味，一碗红烧扁豆丝，除了油香、葱香、姜香、辣子香，就是盐味了，吃不出扁豆是甚的味来。四季豆味大，清嫩、滑口、腥甜，还脆口，嚼下去，汪一口豆汁儿出来，你一下便知道了这是四季豆。扁豆是绵匝匝的，半天嚼不清楚，临了，还落下一口渣。

乡下会过日子的人户，忙里偷闲，把扁豆磕了籽儿，晒干，可以给猪做饲料，如果能等到春天里牛要犁地了，也拉成拌子，混在牛草里算是精料。我看到有的人户，把干透了的扁豆蔓子成整地扒拉下来，随便架在房前屋后的树杈上，任它风吹雨淋。有的一放就是一两年，把它忘得一干二净。

乡下的老宅子，房前屋后，一年四季都种得热闹。果实不消多说，凡是乡下能长的，差不多都早栽上了。像甚李树、桃树、杏树、枇杷树、白果树、核桃树、石榴树、樱桃树，往往经营几年，便成了一个大果园子。从麦黄开始吃鲜，一直到秋天上霜了，果子不断线。最后上场的是核桃，或自然在树上炸开，新果子落到地上，人只需去捡拾一下，或果子黄壳了，人工打下来，堆在一起，沤一向，用乱棍敲开，果子也是新鲜的。吃上新核桃了，苞谷也就上场了。乡下有一种吃鲜法，烧苞谷就新核桃，嚼在口里混合出一种怪香，粮食香、果子香、青草香、腊肉香、清水香、酒曲子香，说不清白，我至今也没找到一个好词对应它。

我祖母一辈子在锅台前转，走得最远的也便是猪圈、羊圈、鸡棚，腊月里到庄子里的亲戚家吃磨盘席，也喜欢往人家的灶火房钻，动不动就指导人家媳妇的厨艺。人家说，干娘，你堂屋歇着吧！祖母嗔道，我看你做么子磨浪得很么，我恨不得给你搭一把手么！祖母一生爱干净，她到人户去坐席，总疑心人家媳妇把饭菜烧得不干净，她有一个口语子，癞兮，就是不讲究、不干净的意思。比如，哪个菜烧煳了，或炒洋芋丝不刷锅，起煳渣渣了，不清不白，她就说，看看，癞兮得很么！祖母在厨下忙乎，也喜欢说一句话，做啥子都要趁手！她喜欢灶火屋的案子上，甚样的菜蔬都要齐全，否则做起来不趁手，要甚没甚。我家的老院子前前后后，左右团转，只要是空出的地脚，都种上了能开花的，能结果的，能长叶子的，在地底下长的，在地面上长的。一到春天，甚样的物什都种。果子树不用说了，我老屋四面都叫果子树围着，连正门的院坎脚下，都是一排石榴树，到了阴历四五月间，石榴花开得火红，很是喜庆。用我祖母的话说，我家老屋院前院后的果子，除了核桃，其他的果子，一年都是自家或亲戚、客人们糟蹋了，核桃能收千多斤，最贱的年头，也能换回一家一年的油盐钱。油是煤油，点灯用的。盐是大颗粒的青盐，回来得自己磨细。青盐现在没有了。青盐腌菜最好，能养成老坛子水，上十年不坏，现在的盐没法腌菜。边头边垴的、不挡路的地脚里，都叫我祖母种上各样名目的菜蔬了：南瓜、葫芦、丝瓜、倭瓜、大冬瓜，有一锄子土，就种上一窝辣子、茄子，或者西红柿。我祖母种的小金瓜最好，长得繁荣，色泽金红，有金属感，瓜老了，用手敲击，像敲木鱼子，蒸干饭吃，甜面而要掉舌头。我祖母还喜欢格外腾出一垄地来，专一种萝卜。萝卜是乡下老种的小水红萝卜，个头俊气，却水汪汪的，冬天里吃了大补。祖母说，萝卜是农家人的药。一入冬，祖母一家大小，萝卜不断天，在庄子里，远远地闻到萝卜炖汤的油香味了，一定就是我祖母的家到了。猪圈、羊圈、牛圈前后，土水肥，就专一种洋火姜、黄花。我老屋的洋火姜鲜吃、泡坛子吃，都叫人难忘。黄花也好，肥实，煮汤不腻。吃不完的黄花晒干，冬里做汤吃，炒肉吃，现在看是上品。园子的篱子里，也夹植着木槿树，花开得团簇时节，我祖母一高兴，也摘些来做汤吃。我印象中，多数时候，木槿大朵大朵红的、紫的、粉红的花儿，是糟蹋的多，任其长，任其开，自己落败了。祖母种的那些菜蔬，太丰富了，吃不赢，要么晒成干菜，要么没工夫晒，都老得吃不得了。年年祖母还是种，见缝插针，用粪水浇它们，祖母种完她的菜蔬，常常就自得地说，我一个人顶得一个全劳力哩！祖父有时评价说，看把你有闲工夫的！祖母就反驳，看你们一年吃的、喝的、嚼的，哪样不是我捡下的！祖父说，是哩、是哩！苞谷是你种的，谷子是你种的，麦子也是你种的！祖母说，看你个驴日的，还是个人话么！我小时候看他们俩老争嘴，很高兴，他们有时高兴，这样的对话就像车轱辘，转也转不完。临了，总是祖父败下阵来，拍拍屁股说，说不赢你，你个地主婆子！叫财迷了！

祖母倒不恼，也拍拍手，哈哈笑说，我就是地主婆子，咋了！

这些年，老屋的亲戚、乡亲们，大多都搬下山了，建了新的街了。一家一户紧挨着，山下地少，家家便没有了菜园子，门前热闹的各样植物盛长的光景，早没了。更不用说听到狗叫猪哼鸡跳的。我几次回到大伯父他们的新居民点，看老屋搬下山的人户，除了房子，甚也没得，大伯父好几年都恓惶得不得了，成天在门前的水泥路上转悠，见了我发牢骚说，这日子过得，好不趁手！说话的口气，好像我的祖母。我祖母去世早，没有赶上异地搬迁，要不她老人家一定发感慨，这是过的甚的光景么，好不趁手么！她老人家的情绪，会叫一家人都不安生。

岭上槐

槐树生成是个苦身子。长得好的、旺相的槐，都在苦焦地头，干沟边上，乱石碴里。我老家修公路，路边上任甚样的树都长不活，后来听一个专家说植竹，也不活。还是当地百姓支个招，说种槐么，槐能活哩。官家半信半疑地就栽了槐，果然就活了。沿路都是修路积下的寡石皮子，似乎草也不能生的，天可怜见那些细毛毛的槐竟然绿生生地活着了，一年比一年昂立着，三两年，便绣出了大势。现在走安平公路，一路上最健旺的便是槐，侥幸活下的几株竹，可怜都是气血两亏的黄毛丫头。

秦岭是一整座的花岗岩，有大木都长在沟涧里。沟涧有水土，能撑大树。槐却偏要生长在岩上，乱石堆里，水土越寡薄，越是合适了槐的生长。西万公路边里，多植槐树，也是从路肩的石坎缝里生根的，往往叫人看了不能相信，合抱粗的大槐树，竟是长在石上的？从旬河往镇安县走，大河湾子里成片地生着槐，像是祖孙同堂，粗的可两人合抱，从旁里派生出小槐，是儿子槐、孙子槐、重孙子槐，一看便是一个槐的大家族。西秦岭天华山一带，槐生在断岩上，或老驿路的歇脚处，也是成团地长着，聚出浓荫来，人走乏了，在槐树下歇一气，槐味清香，抚心，蛮爽快。

在山里走久了，发现槐也是随人居的。有人家的地头，往往就有槐了。大的村子，若是槐长得成了气候，往往这村便叫槐树村。有叫槐树砭的，槐树湾的，槐树凸的，槐树坡的，槐树槽的，槐树垭的。有个村只三十来户人家，居在干石梁上，有雨地上流，无雨发闷愁，庄稼长不成气候，干脆就叫三棵槐。那是村头干干净净地长着三棵大槐树，大约有百年了。三棵槐树约莫是成了精了，大人小娃都敬着，春天里给槐挂红，祈雨种苞谷；谁家有了喜事，或久病的人竟大好了，也去挂红。新媳妇久不显怀，夜黑下瞅人不见，去给槐挂一个三丈三的大红，抱着槐身子温存半宿，据说，往往果然便怀上了。待娃儿长得半桩子大小了，有人便开玩笑说：你娃儿是槐树的种哩！

秦岭里土种的槐，都是刺槐。身子疤瘌，皮糙，枝条上长有尖刺，人鸟不能近它。刺槐长得高大，越长外相越糙，越老尖刺越厉。槐的外皮长圆乎了，竟有一指头厚，所以乡下人说，槐是不成材的，砍下材来，除了皮，便没料了。做柴火，皮厚，不起焰，一烧一个黑洞。早年做锨把，有牛筋条子，便不用槐；做圈椅，有岩桑，也不用槐；做檩条吧，有通直的杉树，用槐做甚！槐也做不了风景，粗粝得鲁莽，咋看咋丑，伤了人的眼么。近些年，山里搞建设，要美化家园，引进了新的槐了，有金边槐，那槐的身子竟是通体的金黄，十分地富态；也有一种红槐，身子是猩红的，耀人眼目；最奇的是龙爪槐，枝条繁荣而下垂，有意无意地枝条起舞，有神仙相。渐渐地，有槐的地头，都换作外来槐了，老槐都在偏远的乡下，老老实实地长着，不惹人注意。

我对槐的留意，是因了每每春天到了，喜闻那一口槐香。也怪，新引进的名贵的槐，虽贵族得很，也开花，竟都是不发清香的。有香气的都是老古槐，本地槐。三四月里，桃花开过了，李花开过了，杏花开过了，便临到了槐了。那时乡下正是青黄不接时，槐花成串地在槐的枝叶笼间垂开着，随了风摇曳，细听有铃声作响。槐或紫花，或白花，也有开粉红的，一律粉扑扑地摇，槐香也便一缕一缕地袭来，大太阳下竟如田里烧谷草的气息，叫人闻着冷不丁地打出一串喷嚏。庄户上的槐，香透了一个村子，进了庄，闻着那浓郁的槐香，脚下便软了。天高地远，林子深静，田里的豌胡豆，麦苗青得水色，一只老母鸡领着一群仔鸡在槐荫下找虫子吃，一只黑白毛色的狗对着日头吐舌头玩，小河沟边几株柳，新发的枝条随风一动，吓着溪水里的小白翅子鱼了。闻槐香的人越发没了志向，扭捏得像是舞台上做戏的人了。

每年三四月间，乡下的槐由低到高次第开放。下乡到村上，碰上有兴致的主人家，竟拿了新采下的槐花给你做一顿揽饭吃。新槐花裹了麦面，在笼屉里蒸得熟透，粉的麦面，红黄相间的槐花，竟不变形，佐了舂辣子，一筷子能夹起一抓拉，直把口腔塞满，舌头半天拌不匀。关中一带叫麦饭，只要是个菜蔬，都可蒸成麦饭的。陕南一带，似乎只用槐花蒸，叫揽饭，也有叫懒饭，约略取意懒人饭，简单，不费米面，就点辣子水便能混一顿。我在讲究的人家，吃过槐花烧的三鲜汤，加鲜菇丝，鲜肉丝，有黄花加几支也是好的。其味无法用语言形容，以为致味，神仙吃的。在山里几年，落下这个馋口，春天里鬼使神差地找了借口撵着山里的槐花吃鲜，先是低山，次是高山，直到槐花全败了，结了槐籽了，往往一个春天，骨头缝里都渗着槐香哩！

小时候在乡下老家寄住过三年，那时祖父家境尚好，油盐稠和，我们小娃娃每顿饭便像狗撵似的，满桌子撒饭，撒得祖父眉毛一天比一天长。便给我们讲荒年吃槐花，槐花吃没了，吃槐叶，槐叶没了，吃槐皮，槐皮没了，竟吃观音土。骇我们说，小娃子撒饭遭雷抓，出门绊扑趴。老家的庄子前后，有大片的槐树林，大的有人合抱粗，小的也有碗口粗，每年还有细毛纤子槐苗子发出地来。槐树林太发旺了，渐渐地把一坪好地荫着只长草了。槐树林地脚草丛里，长蚂蚱，长蚯蚓，长蚂蚁，长瓢星虫，一群鸡便隔三岔五来打牙祭。村人任槐长着，成了林了，成了大树了，荫了地了，没谁存想去砍它们，伐它们，祖父说，那是救命槐么！

我在秦岭里工作时，西万公路平河梁上下，随了盘山公路的蜿蜒，路旁一色密匝地长着一人合抱的大槐，都有七八十年了，还是当初民国手上修路时栽下的，蜿蜒了二十多公里。每到初夏里，坐车从平河梁上下，槐花串子夹道迎着，槐花香缕缕地钻进车窗来，叫人心情大好。西安人自驾车到秦岭里玩，每走到平河梁，脚杆都是要软一回的，槐花开得气派，叫人忘掉时间。西汉高速通车后，这条老路走的车少了，县上做旅游时，最得意的是把西万公路当成秦岭里最佳自驾游专用公路哩，用了最漂亮的语言形容它，那成排成建制的老槐，在宣传册页上总是主角，有四季的姿态。

低处的植物

眼前是莽莽大林子，人往往有很多惊叹。这样的林子，我工作和生活过的秦岭、巴山，随处都是可见的。秦岭里的林子，以西秦岭最老相，远的不说，比如，宁陕、佛坪一带，过去穷僻，无人骚动，原貌竟保持了下来。我们很庆幸：中国很多好东西，破坏得凶相，留下些，皆因了人还没顾得去染指。宁陕蒿沟，挨近长安，有一处唐时的大寺，竟叫个红莲寺，京剧里有一出戏，叫《火烧红莲寺》，当然彼寺不是此寺，但是唐时的，价值是极高的，撑了千多年，到底还是在“文革”时毁没了。平利有一处西岱寺，却偏远，无路，在平利、旬阳交界的老林子里，保留了下来，虽是残败了，却是自然的败，风败的，雨败的。西秦岭延了莽昆仑的余脉而来，气势犹存，不比东秦岭，东秦岭有名叫伏牛山，西秦岭便是虎的韵致，大大势势的，慑人。

大巴山比起秦岭来，温驯了许多。我常疑惑，秦岭与巴山竟是一对夫妻的，秦岭是夫，巴山是妻。在秦岭，日月与雄性有关，山高大，树木高大，河流深切，都是一阵乱斧劈成的。

巴山的温软，却似笼里的馒头、篮子里的菜蔬、田里的软泥、篱笆上的豆荚。或如歌唱，秦岭是一个醉汉子向山穷吼；巴山是一个幽怨的女子，夜半月朗时分的思夫。若说树林，也都是有的。秦岭里的树木，总疑惑是金属浇铸的，动辄青梗梗得昂人；巴山里的树，是软蜡做成的，有皮肤感。

在秦岭、巴山里行走得久了，我总喜欢把两座山比较着读。我喜欢它们的树，密匝，不透风，天成的样子。喜欢它们的水，清澈，无杂质，捧起来便能喝。也喜欢它们的草、藤、蔓，秦岭里的是铁艺，巴山里的是绢素。都有型有样，真实，一点也不假。想象在半空中看两座山，一价儿地绿着，起伏如海。几次坐了飞机过秦、巴二山，从飞机舷窗口看下去，是墨色的，光线照了山岭，有阴阳面，感觉是堆墨的。河流隐隐地在墨色里时断时续，即便是大汉江，也只是一条细线的。整体地看，秦巴二山是一册书，一北一南地翻开着，汉江是骑缝的装订线，星星点点的田园、村城，竟是书的小小插图了。回到地上，在秦岭，在巴山，我也成这书的一节小文字，或是一个标点，从天上到地下，我俯视着它们，我仰望着它们，总被它们的气势抽走了魂，秦岭、巴山，叫我没了尊严，直觉得人的渺小。

最早逼我认输的，是山里的大树。西秦岭的宁陕西部，佛坪一带，天华山有山水的地方，都能生长了人合抱的大树，在你眼中高大。它们长在山谷中，是旗杆，是桅杆，直直的，目不旁顾，一棵双手合抱的树，竟要长高到四五十米的光景，还在风雨中长。在山顶看它们，太阳光在它们的树冠上翻卷，真如海的波涛。有些树是斜长在陡崖上的，与大地成了角度，一眨眼，似乎那崖要倾倒了，是树在支撑着了。有树长着的山顶，往往只有一棵大树，孤孤的，高处不胜寒的样子，山因了树，而更其高耸，是树的长，增加了山的长，风吹树动，却也似是山在动的。有时疑惑，一棵大树，真能撼动山的，一片叶子摇曳，那整座的山分明也在摇曳，树不动，山便也不动了。巴山里的树，恰不似秦岭里的树，巴山里的树抱团，喜欢挽手挽脚，做女人相，扎着堆。巴山里也是有大树的，却往往不笔直，不孤立，一簇簇地同长，一棵大树，身边也有其他的大树，一窝一窝地长，一长便成了一个部落。陕渝边界的镇坪县，有一处老林子，称作“黑老扒”，人不知深浅，进去，不能辨别东西南北，林子太密，镇日里见不到日光，七八月在林子里，要加衣裳。我曾在黑老扒宿过一晚，主人给我们拢了一夜的大火，前胸烤焦后背发凉，第二天便流清鼻涕，在林子里响亮地打喷嚏，惊得树叶一乍一乍，回声倒把我们自己吓了一跳。

秦岭里的铁甲木，也叫作铁坚木的，我以为前者叫法是准确的：坚如铁甲。也确实如此。活的铁甲木，斧锯吃力不讨好；若是干透了，真是斧锯不侵的了。敲之铿然作响，如金属。宁陕城隍庙里曾收有明清时土匪的兵器，有一杆长矛，杆子就是铁甲木制的，已然百多年了，杆子黑红，如血浸透，十分地沉手，叫人不禁想起血雨腥风几个字。秦岭里最见长的是华山松。成片生长，往往如军阵，如方队。稀世的白皮松生长在天华山半山上，皮色翻白，耷拉着，看似是白袍将军的。红豆杉长不高大，碗口粗细，在秦岭里已然是要有百多年的长相的，在秦岭里两千多米海拔处，阴森的沟畔里，常常生长得富有。秋天红豆艳了，一树的繁星，像灯光。红豆杉是神仙树，根、叶、皮、豆，都可入药，治癌。山野里野生的已然很稀少了，山外就在温室的圃里人工种，却长得慢，几年不能成器，据说，药性也是不济的了。倒卖红豆杉，犯法。整个西北难得一见的，是秦岭大梁上的落叶松，据说引自日本。落叶松霸道。日本落叶松成林的地方，地面上寸草不生，一地的针叶，连苔藓类植物都不长。因是日本来的，有国际背景，平河梁上的大片落叶松就成了观赏的风景。冬天一过，春天发芽了，日本落叶松总会有死的。看得很分明，针叶不发青的，多半是要死了。秦岭里还有一种大栎树，是欧洲那边的橡树吧，在俄罗斯古典油画中经常能看到它的影子，高大威猛，枝叶繁盛而细致，秋天好看，是一树金黄，温暖而神秘，结橡子，大树大橡子，可磨面做成凉粉，荒月里穷人当饭吃；也可煮酒，其酒味冲，非好汉不能尽情饮用。

巴山里，我最喜欢的是深山老林里，长在半岩上的大野桑树。说其野，是与农人种植的家桑而言的。家桑矮小，以产叶为要务，不在乎树形，讲究分杈多，什么三拳九拐十二杈，杈多则叶多，叶多则蚕多。野桑树有名姓，叫岩桑。三五十年的岩桑，已然是见着沧桑了，往往一棵树，便遮了半个岩畔子去。岩桑能喂蚕，喂中蚕最好，养分足。山里人不喂蚕的，也辛苦地采了来喂猪，不加精料，也长膘。岩桑打制桌椅是上好材料，农村做圈椅，非岩桑不可，可以火烤随意地变形。岩桑皮炮制了做宣纸，是上品。巴山里粗大的桂花树，随便一个老村子，都能看见。老林子里也长桂树，不同于平川地带的，花香透骨，以红桂为多见，红得有油性。桂花树与樟树一路，都是做家具的好物料，几百年的桂木桌台、樟木箱笼，香气不减。还有一类千秋树，一是千年楸，二是万年椰，最大的直径我见过八人合抱的，少说也得二三千年的生长。楸、椰二树，以万年不腐见奇。过去大户人家埋人，讲究以楸椰做寿枋。大庙里也用作顶梁柱的，不怕风吹雨淋，不怕烟熏火燎，不生虫眼。

秦、巴二山里，同样见奇的是红桦。在东北见识过白桦林，一整山、一整岭的都是同一的白桦。见到白桦林，但知是到了东北了。红桦我以为是稀奇的，各地并不多见。秦岭里的红桦，也是丛生的，与巴山比，只是稀朗些，两握粗细已是大木了。巴山里的红桦，却长得出奇高大，也许水土肥硕些？日光稠和些？坡岭平缓些？红桦林子长得清纯，清一色，红得年青有力，远远望去，是一簇簇的美少女，是上艺校的女学生，叽叽喳喳的，一片价声躁动。红桦林地脚干净，不生杂物，直是一片绒绒的细草，想红桦林的岁月真是青春得很，单纯得很。秋天第一茬霜降之后，红桦叶落，林子里铺一地金黄，林子间弥漫着草药味儿，真是浪漫得叫人落泪。这些年，红桦也是保护树种，不兴叫人砍伐，国家管着。诗人看了，可以写进诗中去，画家写生最惬意，色彩好，线条分明，是个暴把式，也能画得红桦几分生动。

铃兰生在阴湿的大树下，涧叶覆盖的沟溪边。许多年不为人发现，后来有识货的，以为是兰中上品。巴山里的铃兰，兰叶并不出众，一指宽窄，青色，像勤快人家园子长势好的韭菜叶。其花有特色，如铃，青色中发点金黄，花期甚长，开时映照日光，早间的太阳出来，渐渐便开了。近视时，花瓣有蜡质感，半透着光，如黄金质地。铃兰长在不起眼处，要野草遮着，大木的枝叶遮着，野生的地域，不染尘埃，并不想人来采它。直是一味自在地长，抽出了叶片，孕育了花蕾，花开了，香气散开，整个谷溪地带，都香着。有年夏月，我随林业工作人员进山，在一处浓荫遮蔽的溪岸边，发现了丛生的铃兰，其时兰花开得正盛，山里细腰细翅的蜻蜓，不时飞落其上，似乎忍不住兰花之香的熏染，落下又飞起，叫人心动。秦岭里生长一种金边兰。其花无奇，只是叶子却奇，青色的叶片完整地镶了金色的边纹，叶片也比我在秦岭、巴山里见的其他的兰叶要宽。花也香郁，闻久了，闷头。越闷越想闻，我以为此兰是幻兰，勾人魂魄，叫人上瘾。

铃兰以巴山里常见，一般都生长在海拔一千五百米以上的山峡间。秦岭里的金边兰也如此。此兰一度盛行，山外的兰贩子进山了采得一株两株，十株百株，运进城里去卖大价钱。从农人手里购得一株，不过百十千把元，进城了转手就是上万元。两种兰，我都试图采回城里移栽，皆死。那贩兰进城的，终了也只是骗人一时罢了。便感叹，这样的兰，真是神仙品质了，不容凡俗染指。有知晓就里者告我说，环境不对，兰出身干净，宜静处养，清风晨露，习习的地气，加之清朗的林间散光，不暴不躁，哪里是山外环境可比的了！又感叹，若想赏此兰，真是大不易的，除非如了兰一般，流连山野，不起凡思，静如沟溪边的一株草、一根藤，方能偷悦得兰的一星半点心得吧。

秦岭巴山里最贱的兰，随便长在深林的腐质层上，在旁的树兜下，夹生在荆棘丛中。有叫线兰的，有叫韭菜兰的，有叫柳叶兰的，有叫麦草兰的，同样一株兰，竟能叫出几个名字。常常的，我便疑惑这样的兰，其实并无名儿的。它们外相质朴，其花也不光艳，或有香味，或香味并不馥郁，或干脆香气全无，只是形式上的兰而已了。这样的兰，竟也是不能移栽的，移了，可活，但不开花，只是一盆草而已。乡下讲究的人家，有文化，养下一盆兰了，也并不奇怪，我便多次见过。那兰往往长得茂盛，丰匝，无一杂色，一株株油光水滑，开花时繁星一片，问如何养得此等好兰，主人便极其神秘，说如何自山里采得，如何同采了原土，如何切株，如何培根，如何要过了两个冬天三个夏天，才抽得五寸左右的叶条儿，先是只开两三株花，便要剪去花蕾，不许长出成花，视为养身子，此后第二年才盛开而怒放。主人家自顾自说，我竟是听不明白的，大异之，想兰若此，真贱视得人没法活了。

秦岭、巴山的红、青藤自古有名。巴山出红藤，秦岭出青藤。红藤软如绢练，可反复折叠，不裂不断。青藤一身青皮，有脆劲儿，不耐弯折。往往在林深不知处，天光阴暗，红、青二藤在大树下长得随意，直攀上树干，纷披了如龙的叶片，一直爬到顶端上去，往往一根便长得三五丈长。红藤肉肉的，色泽艳红，此藤宜作藤索，也可入药，治妇人病。青藤编筐最好，做藤椅、藤床、藤几，颇为常见。这些年以红青二藤编制工艺，也盛行，家什、动物、草木、人形、车船、挂件，皆好卖。我最喜红藤，长得富态而质朴，有艳色，其叶之繁，在藤蔓植物中并不多见。且有妇人相，手触之，无风而叶片沙沙作响，向阳处的叶片如随风翻飞，竟有女子玲玲的悦声，手抚其藤，有温度，颇有感性。

深荫处的蕨脚禾子，长得丰隆，动辄绣出方圆三四丈的势力。有蕨脚禾子的地头，其他物什不能旺生。半旱坡的蕨脚禾子，长得精瘦。二荒地里也长的，片生，矮小而成丛。蕨根深扎，一盘禾子，只是根系的三分之一。庞大的根，扎进土深处，越深越肥硕。蕨根可磨淀粉，蕨粉可食用。记忆中上世纪

60年代，每到秋里，生产队要组织劳力上到野山里去挖蕨脚禾子，取了根回来，用了舂窝捣碎，过渣，沥水，沉了粉，大太阳下晒得焦干，储了春荒三月时替代粮食。蕨粉和了杂菜，干萝卜缨子，蒸菜团子，顶饿。三四月里，近处的蕨脚禾子抽出鸡脑壳似的嫩苞芽了，也可以采回来当饭吃。却奢侈些了，生产队时禁止，不得瞎采，要留了长粉根，粉根出粉，荒月时当粮。二十年前，蕨菜、蕨粉出口日本国，日本人吃品质，吃口味，不几年就挖空了，乡下遂不能常见蕨的影子了。

山蒜、山葵、山芹、山苕，也长在大树成荫、水汽蒸腾的地界儿。它们是野菜，为救荒而生。山蒜是调和品，是讲究口味的，不主吃。山葵是大叶子菜，做搅饭、煮糊糊、做团子，口感若绵，有嚼头，是野菜中的大路货。山芹是帮饭的，乡下讲究窝成酸菜吃。却劳人，开胃口，若是没有油水促它，越吃越饿得慌。穷人菜，吃也不好，不吃也不好，聊以度命。山苕却甚是稀贵！大补品，穷人、贵人都吃得。只是山苕并不多见，不易采挖。这些年，一些精明的人，挖了种子回家园子里种，冒称山苕，可卖好价钱。有一种猫耳朵菜，在阴处长得成丛，一把割下可满手。这菜极有分量，趁手，鲜吃，拌了粮食，干稀皆宜；晒干了吃，用冷水发开，与米面同煮了，无异味。葛藤花开时，粉红或深蓝，清香味颇重。山外的葛花性子轻薄，开在路边、沟边，招臭虫，不宜食用；老山里的葛花，开得繁重，瞅花苞未全放时采了，阴干，可称千粒重，储了过春荒月，不用油，是农家珍品。

秦岭里长竹笋，巴山里也长竹笋，秦岭是苜竹，其笋细小，味淡无油气；上品是巴山里隐在树丛中的小山竹，其笋色金黄，有油气，出清香。在我有限的乡下生活记忆中，至少有三十多年，竹笋是乡下农人的第二粮食。春节过完，乡下纷纷就断顿了，糠糠草草挣扎到了四五月里，新笋发出，家下老人、女人、小娃儿，便要进到山里去，采竹笋。竹笋营养不够，却可以哄肚子，有粮食掺着，顶好；没得粮食了，净身子煮了，加盐，也是正经饭食。在乡下，如今五十岁以上的人儿，大约都是吃竹笋子长大的。我家在乡下住过好多年，四五月里，也兴吃竹笋子，有时当饭吃，有时当菜吃。加了厚油，有黄豆香。有一种吃法，与苞谷糁同蒸了，加油盐，颇耐嚼，磨牙，练腮帮子劲。若是与白米同煮成粥，神仙也待得。正经的野生竹笋，鲜吃干吃，都是有益的，小地方的女人，长得精巧的，皮肤呀、胃肠呀顺畅者，多数喜吃鲜竹笋。竹笋粗纤维，热量也低，吃撑了也不怕发胖。美容者用此法，只消隔三两天吃一顿竹笋，齐活儿！

原生态的山里，大树与小树并存，大树棵子小树笼子下，低矮的植物也生得旺相。看高处的植物，长得雄奇，它们的脚下，一定也生长着各色低矮的植物，没有低矮植物的地方，大树也不健壮，一定是人工林子。在山里待久了，我每每看那些深林，最能想见低处的植物，它们和大树一起生活，各得其所。

春糊涂

过了正月十五，天地不开青，早间开门、推窗，闻不到水腥气，老屋上了年纪的人，就要叹气，说春过糊了。

饭烧煳了，菜炒煳了，酒烤煳了，眼睛叫柴火烟熏糊了，做下个瞎瞎梦，心迷糊了。会喝一口早茶的老汉，突然地就在火塘里把一壶上好的井里才打得的头子水煮煳了，茶也沏不得了。爱干爽的新媳妇，奶了一大晚的娃儿，天明就尿了一床，把他娘的半个身子都泡软了，待吃惊地醒了，半笑着自嘲说，哎哟，睡糊了么！

这些都是乡下早间的老话。在乡下，春天是最马虎不得的天气。风在小小地吹，麻雀翅子要带了哨音儿，老黄猫开始向着天光伸懒腰，厨下老坛子的酸浆水要泛窝沤气，柴火返潮，黄白菜在抽第二胎薹，芫荽硬茬得下不了口，老妈子和小媳妇的手，一泡在淘米水里便发了泡，软白得不像过日子的人，后檐沟青苔卷着的叶签儿，渐渐地就散开了，也像在伸懒腰的，瓦缸里单留下的种子粮，一整夜里发着窸窸窣窣的声音，像有鼠子磨牙，壮汉子早间起得身子，在场院上活动一遭身骨，竟把一肚子的夜气放得山响，山涧下的水流声听到了，也回应起来，整个的村野，山呀，坡呀，林子呀，空了一冬的地呀，都在回应，乡下老古派的人在说：春天放气，才过得不糊了！

很多年的春天，我都细发地感受春是怎生放了它的大气的。秋天说得说不得的事理，一个冬里埋汰得糟践；日子翻来倒去越发有了不明白的人情世故，默了一冬还是凌冻着；春是屈着的心思只剩得一层窗户纸；是竹林下笋尖儿顶起个泥块子；是一个曲子憋在心头就要吼出来；春是一个明明白白的道理就要说破了。一镇日，若细留心，天地间真能闻见隆隆的声响，像是人间的，又像是天外的，春天就是从响动开始的，一系列的响动，直响彻到人的心眼深处，分明感到，春天一点点走近，它带着响动，顺遂着人的心思。比如好多年，想它在年三十晚间下得一场好大的雪，果真就下了。待家家户户刚在门口，窗前，牲口棚子，猪圈，茅厕帘子，柴火房里，囤粮食的仓房，都贴得火红的春联了，雪就下来了。往往那雪下得紧，像是半空中有神仙的手，用了大锨将那雪扬撒下来，先是能看到飞屑，继而聚成大片，像往锅里揪面片儿，一眨眼，竟下得天地一桶地白。热饭、热菜齐上了堂屋的柴桌时，那雪恰好下得齐脚脖子深。酒便热得冒汽，一片价碗筷响，喉咙响，灶膛里火苗儿熄住后再爆几声碎火星儿响。下雪了，天地空白了，顺心不顺心，都叫雪埋住了，像把一页大书掀过去了，到底能安下心过这个年了。

过年不下雪，神仙默不彻。就是这个意思了：一场大雪，把三天年封住，叫劳作得乏困的人儿，安下身子歇一口气。挣巴了一年，粮食收着了，菜蔬收着了，猪肥了，公鸡不踩水了，母鸡不抱窝了，夜黑磨下的豆腐，起了硬皮子了，腊肉在灶火头里，抽抽地冒出油气，冬天拾掇的干柴火，昂昂地窜焰，恨不得一口气就把一大锅生水烧得沸了。好米好面，好菜蔬，好肉食，好油水，都急急地往灶火房挤巴哩，往老妈子、小媳妇手上撞哩，往汉子娃儿的口里窜奔哩。新烤下的苞谷烧，还散着新粮食的香气，讲究的人家，一定用了上年的陈酒兑了喝，不讲究的，把清亮的头子酒、浑浊的尾子酒搭在一起里喝。陈酒养胃口，新酒发火气，脸红得快，那便是喝了新酒，脸渗得如猪肝儿、菜皮子青的，多半是喝了陈酒。初二初三若是天放晴了，正好出门走亲戚、走丈母娘，拜年的，都是小的给老的拜，疏的给亲的拜，远的给近的拜，若是依然叫雪下着、天阴着，便近的给近的拜，疏的给疏的拜，屋前团转在磨盘席上拜。到了正月初四，正经的年过完了，若有雪，那雪必定在一派酒气中融化着了：路畔子显湿了，泥地里冒出青草尖尖了，接槽猪小小的个头儿，竟也发着躁气，翻圈，拱食。鸡们集体发着呆，看屋檐上的雪在化水，一滴滴地化，一串声地化，太阳冰冷中带一股烟火气，鸡便眯眯着了，齐聚儿团结在屋角落、牲口棚子外，眯眯地发出嗑瓜子儿的细声，叫小风吹得羽毛细细地翻卷。一连几天年节，酒肉把人吃喝得发劳伤，出胀气，一身的血往骨头缝里涌、钻。没贴牢靠的春联，有一角竟翻了白，字便不全乎了，叫一个貌似有文化的醉汉子半天念不连串，便叫嚷说写错了写错了。正月十五，天大晴，夜黑里，地上浮一层水汽，半空中浮一层月色。下晚，家家户户再收拾碗筷，一满桌的好酒好菜，一家大小再把年三十的畅意重复一遍：只是年过十五了，春也坐在柴桌前了，春在菜碗里，在酒盅里，在柴火锅里，春把出江湖把式，竟比当家人酒喝得下势，菜嚼得山响，春眯瞪着时，细细地学着家下老妈子的范式儿，一口一口抿喝着饭汤，生像是大户人家的妇道，一转眼，又盯着小媳妇的白奶子发呆，春是眼羡碎熊娃的小胖手把着他娘的奶膛子，拿眼乜一屋不怀好意的眼光了，不叫别人分享哩么！

十五一过，神仙喊饿。天长了。是天底下的路长了，从屋头到田头，路不长么，一天却只能走两个来回；从村口到集市，路不长么，一定要走得两头见黑；从井台到灶房，路不长么，一整天泼泼洒洒也走不利落；从犁把到牛绳头，路不长么，从早到晚也才走了两三个屋场见方。河沟里积攒了一冬的水头子涨了、长了：一年的水汽，在春天作精作怪的天气里，都从草皮子下面渗出来，从后檐沟的石头缝里浸出来，从懒猫的涎水里滴下来，从杨树柳树的梢头迸出来；虎脸汉子埋住一颗大脑壳的汤面碗里，春水也吼吼地叫嚷着，从筷子头到肚肠，路不长么，却似个无底洞般填不满哩。是日头长了啵，从早到晚，太阳顶着个麦草帽儿，从村东的树梢头，懒懒地挪不到村西的树梢头。月亮上来了，太阳还不下将山去，他是闻见农家的饭香了菜香了，那酒也是香了热了，太阳他老人家也想喝了一肚子夜酒才回山背后去歇脚哩么。是农家的活路长了，发着吼声的春，倒如同老掉牙又啬皮的老东家，见不得扛活汉子歇下了，作佣女人闲下了，见不得牛轭头裂了细木缝儿了，见不得锄呀、锨呀上了细发的红锈了。春吼吼着尖利的嗓音，叫种地的汉子寒毛一惊一乍地直立起，叫喂牲口的媳妇一路小碎步收不住个扑扑乱跳的心口。春天进屋，才一转身，一眼价看去的田呀地呀，都收拾得利爽了，早苞谷种下去了，豌胡豆种下去了，阴坡地的春洋芋也种下去了，菜园子里绷着个温棚棚，里面下着辣子苗、茄子苗、西红柿苗，牲口棚子旁的红苕圃子，也下着了种，太阳把牛粪晒出水汽，有酒糟味了。

春不糊，蛤蟆咕。恰恰的，地敞开身子等下种，种躺在垄里想发作，雨水就下来。这雨水不是贵如油，是洗脸水么，一半天，把天地洗抹得干净。好似一冬里懒得清扫的屋头，一个早晨，便叫个身子有些发懒的媳妇、老妈子，洒扫得清亮。春是干净的，像是乡下喜欢头面利落的讲究女人，也像是才过门的小媳妇，衣襟上一星点儿饭痂儿也不敢留下。有时，更像才高中毕业的学生娃，绷着腿面端着股学堂气哩。春是稠和的，是一碗春天里的饭菜，一满锄软和的泥，是屋檐下正在落泥的燕子窝，是乏身子半夜里将床板翻压得山响，是一不小心就冒出头的庄稼的叶芽儿。春用细雨压得路上灰尘不扬腾，随便吹着的小风，不迷人眼，不呛人嗓；春叫所有的窗户该敞开时便敞开了，不叫霉味倒人胃口。春是我眼睁睁看着生长的植物通人性地萌发了、长出来，壮实了，每看一回，心底就踏实，日子可信，脚下有劲儿。很多年中，我感觉自己便是一个春的旁观者，看春怎生转身，怎生发话，怎生作态，怎生妙手生花地把天地打扮得清爽，春一年一年不嫌烦地重回人间，把翻地下种的事，一遍遍教给天下做活的人。我不是旁观者，我年年盼着春来，变成春随手丢下的一粒种子，叫土把自己埋住，雨水把自己泡得软和，叫春天的雷声把自己心头那点热情激活，在暗夜里发出几回细小的闪电，然后安静地从头到尾再长一遍自己。

这样无数次地比拟着，春在我的手指头发着痒了，在我的脸上起着癣了，在我的眼角结成水花花。我看到春的时候，春一片水光呀，一片青色呀，一片人声鸟语呀，哗啦啦翻动着，就是一本古老的厚书了！

一支歌

第一回听国歌，是上小学一年级。这之前，我随辗转乡下教书的母亲，四乡里走动，逮到学就上，小小的，不知上了多少个学了。印象中一年级上过了，二年级上过了，三年级呢，也是有印象上过的，都没上全乎，如乡下的孤汉子混百家饭，饱一顿饥一顿的。

正式上小学，是在老家的村小。那时不叫村的，叫生产大队，学校建在一个干梁凸上，起了一个好听的名字：向阳小学。幸好房后有一笼水竹林，整年地青得密集，有冷气。小学的房子是一大间，左手有一偏厦，远看是一个长方形，旁边搭一个三角形。长方形是教室，一、二、三年级一搭里上课；三角形是老师的住房，屋里有板床、有柴桌、有一截半人高的灶台，下雨天，老师不回家趁饭，自己烧火做，常看见浓烟从偏厦门里冒出来，近前，便能闻到干锅子炒腌菜的香味，秋里能闻到漆籽油味儿，那要么是老师嘴馋了，竟煎了一块豆腐下饭了。

我在老家寄住时，已经够上学年纪了。祖母怕我野坏了，便把小姑夫叫到屋头，办了一桌饭，喝了苞谷酒，交代说，把个娃经管好了，将来好见你哥嫂。小姑夫是我小姑夫，便是小学校的老师了。

三个班，我当然是要从一年级上起的。第一天，新学期嘛，我背了新书包，穿了新衣服去上学。书包是我小姑用了两个夜黑一针一线缝的，黄布的，有搭盖儿。新衣服是我祖母叫了我的一个小表嫂，夜夜来我祖母家帮活，亲手缝的。小表嫂年轻，那时刚从县城外的张家湾嫁进山里来，是十石苞谷换的。小表嫂人胖乎乎的，胳膊、腿都比山里女子白胖一些，小表嫂下到田里头插水秧，胳膊腿儿才叫好看，泛着太阳的光。活再繁、再累，她总是一天到晚浅浅地笑，看着眼馋，干净。小表嫂针线好，做成的衣褂，像是机器轧的。扣子是塑料的，黑油色，乡下少见。年下，乡下人缝制衣衫，多数是布纽子，结实，不好解开。钉塑料扣子，一般是文化人，要么是公社里的干部。我是城里来的娃儿，也钉塑料扣子。

第一天上学，我们一群十来个娃儿，高高矮矮的，黑脏黑脏的，在场坪上疯张。等到小姑夫背着手，勾着脑壳上坡，到了校，到他偏厦摸索了半晌，出得门来，嘴里噙了一只塑料哨子，就一阵吹起来，吼叫我们说，集合，集合，站好队伍，我们要升旗哩！十来个娃儿，站立了个小方阵，小姑夫就在队伍前讲话，说新学期开始了，我们要升个旗，大家要严肃。升旗前，我要问个话：五星红旗是啥子染红的？有晓得的举个手！举手的人很多，我也举了手，小姑夫却不点我回答。一个娃儿回答说：是革命先烈的血染红的！小姑夫说，好，答得好！红旗，红旗，就是红血染红的！就开始升旗。旗杆是一根老水竹，栽在场坪里的，一个磨掉牙口的腰磨盘，两臂豢开那么大的口面，磨盘中间一个粗窟窿，水竹的杆儿就插在那石窟窿洞里，紧紧的，风吹杆子不动，只是旗子摇。水竹顶上用红火铁丝烙了个洞，洞里穿个铁丝环，铁丝环里穿根细麻绳，一直拉下来，绳头上结着红旗，结得停整了，从绳的另一头拉，红旗就升上半空了。

小姑夫一个人表演升旗，两手倒着拉旗子，一边鼓突着嘴巴，半哼半唱地奏调调，我们渐渐地随了那上升的红旗，小脸一点点扬起来，脑壳一点点昂起来，红旗一点点升上去。不知怎的，小姑夫只唱一句：起来，起来，起来！反复地唱。最后一句拉得很长，起——来——来——来！半晌，红旗升上去了，“来”音才停止。小姑夫将绳头在杆根上结死，才直起身，出一口长气，说：升好了！那五星的红旗，便在我老家小学校的场坪上空，飘着了，风中也飘，雨中也飘，大太阳下也飘，一学期完了，那红旗也飘得乏了，颜色都成了灰白。

小时候很多年，我对国歌都唱不圆和，好多词记不全。直是调子会哼。小小的年纪，歌里好多词不明白。如把我们的血肉筑成我们新的长城，中华民族到了最危险的时候，冒着敌人的炮火前进。这些，都不甚明白。我在老家的小学上学，上一年级，也上二年级、三年级，一天中高兴了，三个年级的课我都上，一天乏了、心烦着了，便赌气只上一年级，反正都在一个教室。有时回到屋头，碰巧祖母喊叫小姑夫他们回娘屋油嘴，我便疑问歌里那些词。小姑夫多数时不能回答我的问题，有时我问一句，他得想老半天，临了反问我说：你说是个啥意思？每每祖母看到了，便笑话小姑夫，说，先生还不如个学娃子，你这老师的工分是白挣了！我心烦的时候，喜欢跟小姑夫拗起说，犟嘴，每每把个小姑夫缠得不清敞，说你个娃儿不灵醒么。

从小学时升旗，听小姑夫的国歌，一晃悠几十年过去了，风风雨雨的人生，从一个叫大人、亲人呵护的小人儿，到了该呵护别人的老人儿，国歌成了我最扎实的音乐记忆。想起小时候的事，关于歌唱，关于升旗，总是涌出一阵阵感动。去年国庆节，市里组织全民合唱节，在安康高新区的新广场上，听高新中学的半大孩子们合唱表演，第一首便是国歌。现场有宏大的乐队伴奏着，一大队正正方方，有横有竖的、红火一片的队伍，在晴好的天气下，太阳光在城市里折叠、反射，在歌唱的人们身上、脸上，闪着跳跃的光斑，国歌如浪如洪地涌出来，我在人群之外，无端地融了进去，进入忘我的境地。我猛地醒过神来时，已是满眼泪水。那一排排海浪般升起、落下，又白花花散开，从半空中砸下，腾起巨大的水雾，在目光可及处漫延，那叫国歌的歌曲，分明用拳头撞击我的心口，好像受了多年的委屈似的，几十年的泪水，在那一刻尽情流出，把个心胸流得那么空阔无垠，无遮无拦。

高新广场的那次听国歌，是纯粹的童声。应当是纯银般的，鸽哨般的，野山里无拘无束的风一般的。是海浪的雪白。是冬天里炉火的热烈。是一股清泉直通五脏六腑。我从童声中听到的是一种久违的声音。是一个亲人般的召唤。是一个母亲平凡的背影。是多少年才回味久久的英雄般的父亲的伟大。是自己的亲兄妹，到了老年，一家家都平和了，甚事都能放下了，就只剩下血脉的牵挂了。我看到，那些单纯的孩子们唱得热泪盈眶。舞台以外的游人、市民，年老和年轻的，都在歌唱中感动着，巨大的晴空下太阳光在泪水中折射，放大，形成光团，聚成光柱，把整座城市阴影的部分透析得一派光明。

我小姑夫是个手艺人，编篾的，筐、篮、筲、席、箕、点籽篓、筷子篓、挎篮、背篓、晒篮，凡是用篾的，用藤的，农家用的，日常的，生产的，他都能编得有模有样。我五音不全的、连国歌都唱不圆和的小姑夫，什么时候，一个清早，突然嘴巴前横着一管竹笛在吹着了，真是我没留意的。下一个新学期，第一天的升旗，我小姑夫自己吹着一管竹笛伴奏升红旗、唱国歌，我是大惊失色了的。

是一管紫竹笛。紫竹，在我老家那块并不是到处疯长，那其实是用处不大的一种竹子，喜欢长在人家屋后头，湿阴的地头，沥水、护坎，紫竹身子个长不高大，细纤纤做甚不成甚：只做老人的拐杖吧，连竹根刨起，经了火弯个龙头的样子；只做钓鱼的杆儿吧，甩起钩子有弹性。紫竹根粗梢细，一把刷上苗儿，多数两臂来长。紫竹能做成笛儿，吹出响儿，是自我小姑夫起始的：那通体青紫，青紫中带些白点子，又像了传说中的斑竹嘛，粗细不匀的一截，竟在我小姑夫手中，变成一杆通直的笛儿，我是惊异得很了。

笛声如水。一如我老家阴坡下深老的涧，水雾镇日里泛泛地腾起，有板有眼，有急有缓。紫竹的笛儿，在我小姑夫嘴唇间，不知是竹笛儿的滑动，还是嘴唇的滑动，那些一串串紫槐花串儿般的音符，眼见得是像着豌豆黄鸟儿一般从青草间扑棱棱飞出的；也是布谷的鸟，在庄稼地上空不知疲累地飞着，声唤着。我也是听到风从树林里穿过的，吹着树了，吹着庄稼了，吹着人家的茅草屋檐了。

小姑夫选一个大高个儿的娃儿，负责扯旗绳。随了他的笛音，一点点生硬地扯着，那旗子在笛音中一点点上升，渐渐地到了顶，小姑夫的笛，一阵顿音，像人过涧里的列石，一试一试，踩得稳便了，一下子身子跃起，落到岸上了。

很多年，我在老屋的小学里，有一个小小的心愿：做一个升旗手。奇怪的是，我小姑夫从不指名叫我升旗。我多少次地渴望并暗示过他呀，他竟然一回都不理会。那个大高个的娃儿，其实脑子傻着哩，他是上了两个三年级的，冬里鼻涕老是揩不干净。他小名叫个草狗子，乡下老屋那么些小娃儿，我只是清楚地记得了他：草狗伢子。

羊不吃麦

在北地麦区，我看到，也听到羊吃麦的情形。冬天里，墒情好，地力也好，麦长相旺了，不易过冬，便要人工去蹲苗。人脚去练，石碌子去碾，最省心的，放羊去吃苗禾尖尖儿。小娃儿放学了，成群地去到麦地里野疯，打架，撕扯，露出的小腚染出草绿，小手小脸都绿得像个土匪；把个冬下的麦地练得尘土飞扬，大人不骂，老师不喊叫。那是练麦，叫麦静下心事来，莫要长得太张狂了，慢些长哩，冬里、春里、夏里还长远着哩。

羊自古不吃麦苗儿，人教下的。在陕南的好多年里，我看到乡下的羊，早些年，成群地出坡找草吃，一律地是要系了羊笼嘴儿的，小小的，一头尖的，用了细竹篾编成的羊笼嘴儿，像给人系了口罩儿似的，羊大清早地拥出羊圈，系着笼头，走过麦地，菜地，苞谷地，黄豆地，苗都长得青乎、旺相，露水挂搭在苗禾上，闪着太阳下的光，青的蚂蚱也水灵灵地蹦，从一叶禾上，蹦到另一叶禾上去，羊一路叹气，直是不能就口去吃那些好看的苗禾，清甜，脆嫩，能打满口，直嚼得满口浆汁的好苗禾呀。渐渐地，羊出坡，不再系上篾的笼嘴儿，它们一群群在高天下涌动，像低空下的云朵，与庄稼擦肩而过，却视而不见，像有纪律的队伍，好叫人起惑哩。

人就这么教会羊，不去吃麦了。用鞭哨儿教会的，用笼嘴儿教会的。日子久了，羊知晓，麦不是自己吃的。羊的草料在山坡上，在河沟那畔，在槐棵子林下。北地的羊，早年碰上冬旺，人赶着羊进到麦地里，叫羊啃吃窜成高个儿的麦禾。若羊疑惑着，人便吆喝得紧，羊便吃了。麦禾青嫩时，最好吃了，荒年里，村上人没吃嚼的了，官家也不打折，邻里也没得余粮相赊，一时急了，也敢割下些麦的青禾尖尖煮清汤水吃。早年陕南春荒，乡下人偷吃大集体的青麦子，边糠带芒用火烧了或用磨磨了，再加些榆钱、野菜，煮成糊糊救命。冬里，旺相的麦，长得身子厚朴，叶片肥大，羊吃一口，便口满了，直嚼得绿汁儿顺着羊嘴角流。往常，一镇日才寻得草饱，吃冬里的旺麦，一两个时辰便饱胀了。羊打着饱嗝，青乎乎地夹着热气的嗝儿，此起彼伏。旺麦的禾，带醉意，饱了的羊，成群地立在麦地里犯傻，发愣，身子醉晃，放羊的人也懒散，把羊鞭儿响几响，半晌才把羊归拢来，沿着麦土间的湿路，早早地往家回了。

这样的好日子不多呀。陕南种麦少，供羊冬旺时练麦禾的机会几乎没有。可陕南多草坡，那是羊的饭场子。秦岭、巴山间的山，多是肉肉山，两山间又夹着个汉江，越发地水旺。水旺的地方，草长得大方。牛吃，羊吃，野野的人家，一年中有半年把群猪也放在山沟沟里，任吃千草百叶地，好活得自在。陕南草多而杂，羊选着吃。水边上的，吃水芹菜，地米子，野鸡腿儿，野谷子，稗草；坡上的，吃露水草，吃地泡儿，蛤蟆草，牛尾巴。草丰的时节里，羊直选红桑叶吃，选苜蓿吃，这苜蓿，还得是那种开紫花花儿的；那样多的好草，都能打满口，水汁汁的，羊的嘴角起着白沫子、黄沫子、猩红的沫子。有一种醉羊草，两指宽的叶儿，铺在地荫里，并不起眼，羊不小心顺嘴吃了，真的在明亮的天光下醉了，四脚站立不稳，晃晃地卧下身子，半日里不敢立起身子。放羊的农人看了，知道坏不了事，笑骂道：把个比的，瞎吃么！你道是个干部么，好大个酒量，便敢吃醉羊草。太阳大些了，羊聪明得很哩，进到林里，那一般便是密匝的槐树棵子里，春里，槐的叶儿才发出来，毛茸茸地鹅黄着，槐花的穗子也开出来了，密的坡地上的槐棵子，长得都不能高大，直挤挤地罩满了林子，羊一抻脖子便能够着吃哩。专吃嫩的叶子，槐花开放得透彻了，直吃花串子。夏天里，花没了，槐的叶儿却厚实了，羊的舌头一溜一大口，一溜一大口，像是新式样的采茶机子，专把叶子采到口里。老气的羊，舌头竟能打个卷儿，利索地把槐的叶一捋一把，一捋一把，简单地只嚼几下，便咽下肚去。好时节，羊吃下草都不用好生用牙去磨，像割麦时节，乡下的出力人儿，一身汗气地吞吃新葫芦丝儿就新麦面的擀面条，一咕噜就下喉去了，哪里用得细嚼呀！在林子里，再不济的，便是芙杨树叶儿，葛根藤叶，碰上野蒜野葱，羊也是能吃的。最好还是槐，槐在荒年，人也吃用，皮可吃得，叶可吃得，花便是上品了。

林子下，若有背阴处，小阴沟里，水声响彻，水畔边里岩坡上长着青嫩的苔草，羊吃饱了大餐，就到沟边上寻些苔草过嘴，再填一填胃缝缝。好比讲究的人，餐后用些水果。羊是舐盐，岩上有盐，那苔草里也有盐，盐生劲儿，叫骨头结实，蹄脚硬，不怕走山蹚水，也不怕夜里凉，早上返潮，羊聪明着哩。早年在乡下，大夏天里羊在院子里的树荫下歇凉儿，我们半大的娃儿，给羊割些杨槐枝叶，努起小鸡鸡往树叶子上撒尿，羊抢着吃，童子尿，败火，增盐分。

好多年前，乡下把养羊看得精气。肯种地的，养得好牛，牛耕田耙地，顶半村的劳力；牛多的村子，一定是福村，一年庄稼种得讲究，四季有换口的，到了五黄六月，有接新粮的陈粮。有好牯子牛的人家，是福户；喂得牯子牛，又喂得好母牛，一年下一窝小牛，如此的人家，便是乡下的大户，人口发旺，精明，家下一定出了干部，民办教师，赤脚医生，或有几个学生娃儿，或在镇里上高中，或在城里上中专，有着好好的前途。有一两只羊的，是小门户，日子过得紧巴而有油盐味。小小心心地在村里做着人，种些地，收些主杂粮，院门扎得实，说话不跟人犯气，穿得干净而素朴。若是养下一大群羊了，便实在是个大户，旺户了。日子或过得油煎火熬，娃娃家们穿戴得花哨，与人对口有底气。秋里、冬里粗喉咙大嗓子喊叫二道贩子上门收羊的，骂骂咧咧讲得大价钱的，便是这样的大户。羊给他们撑得好门面，一年不缺银子花。大集体时，有专门养羊挣工分的，一只羊抵一个壮劳力。我见过乡下一年养得一二百只羊的人户，真是大宅大院，人口稠，劳力吓人，一般周围团转不去逗惹。这样的人户，一定有个养了半辈子羊的长辈，成了羊精精了，手发旺，怎生喂养都有道理。一年中，直看到羊脑壳在长，在增，没听说过羊有什么瘟事的。二百多只羊，一多半是要出栏的。年下，到了腊月了，别的小户人家，杀个猪也就是一个肥年了，如此的人户，又杀猪，又宰羊，好生地热闹。一般地，先宰下两腔，风干在灶屋头，冬下水萝卜出来了，下雪了炖羊腔子吃，来了好客，片了羊胯子的好肥肉，包饺子待人。早年，我年纪不大时，冬里在城里一个劲地吃白菜、萝卜，嘴里淡出鸟来了，便一时跑回山里的老屋去，我祖父便要给我放翻一腔羊，一连几天，有雪没雪，有雨没雨，有客没客，顿顿要吃羊肉，炖着吃，红烧着吃，爆炒着吃，包饺子吃。临走，再背个胯子回城，孝敬我老子，我祖父的儿子。吃羊肉汤养精气，加些草药根根，养一年的精气，正经务活的乡下人最讲究。这些年，我都不能忘了乡下正经的羊，正经的羊肉味儿。

庄稼大长的时候，羊在早间，被人吆喝着，成群地上到坡里。羊走过村里庄稼地边的小路，一路打着新鲜的露水。不一定系上羊笼嘴，羊已经养成性子了，知道不能去吃庄稼苗禾。它们的饭场子在草坡上，在林里，在沟涧里。成群养着的羊，是如此懂得乡下的规矩，哪些能吃，哪些不能吃，一满都晓得，不用人叮嘱，它们看着头羊默默地走，便集体默默地走，一直走到属于自己的草场里，撒开阵形去吃草了。头羊做个干部的榜样来，高高大大的，头角尖锐，在日光下闪光，带着羊的队伍走，不时打一声响鼻，那一定是有一只规矩还没养周全的羊，或正要发情的小母羊，或还在撒娇的小仔羊，探头探脑地想去吃一口路边里青乎乎的庄稼苗禾了。一声响鼻，便是一声警告，那有所图谋的羊便收起性子了。羊认头羊，最听领导的话了。我曾见识过头羊猛然从队伍最前头，反身窜进队伍里，高高地扬起羊角，抵向一只想吃庄稼的羊，也不是真抵，吓唬一下而已。那被抵的羊，做出娇态，用嘴去蹭头羊的脸庞，很是亲昵，请领导原谅。领导也灵活，不认死理，回一个亲，回头里去了，高兴地打着响鼻。路过黄豆地，胡豆地，小豆地，苞谷地，萝卜地，或一家人户的菜地，成群的羊都目不斜视地，不去吃，不去思量；羊有规矩，赶羊的人，远远地落在后头，闷头爬自己的山路。冬里，春里，成片的趟趟地里，大田里，麦苗儿青乎得馋嘴，羊也不去吃它们。小户人家，只养得三两只的，照管的人蛮是操心，羊少不规矩，一不小心，就窜到庄稼地去了，图自己方便，猛地偷吃好好的庄稼苗禾。管羊的，要么老汉，要么小娃儿，要么一个瘦瘦的丫头子，用泥块掷了去赶，用响鞭儿赶，最后干脆自己蹚进庄稼地去赶，嘴里一片声地骂羊，骂人。骂羊说，你个骚嘴的羊，甚都敢吃么！骂人，说这么大一块庄稼，也不晓得扎个篱子么！在乡下，正经的养羊，一定要成群地养，养少了，聚不起羊的规程，耽误功夫，还招骂。

秋天到了，乡下的庄稼收了。庄稼茬子都还搁在地头。草黄了，枯了，萎了，远远的草坡上，也是一片价地荒芜着。出得好草叶料的林子，也是一片地焦黄着，猩红着。槐叶老得不能吃了，葛藤叶子落得一刺架一刺架的；春里还能吃嚼的芙杨叶子，柴柴的，根本不能用嘴去碰它们。牛在庄稼里吃残在茎秆上的苞谷壳子，仰着脖项半天咽不下喉咙去。羊身子矬矮，直在地里找垄子上覆着的鹅儿肠、节节草吃，若是黄豆地，地里散落的有黄豆蔓子，黄豆壳子，羊也喜欢捡着吃。若是把羊赶到了草坡上，羊便拔草根根吃，草根根上有汁水，有糖分；或撵着吃熟透了的野豌豆禾子。很多的草都在秋里结下荚了，饱着籽实了，野燕麦，野荞子，野苕子，都结了实了，都是肥羊的好物料，羊专捡着吃。秋里羊拼命地在养膘，从胯子上可以看出，那胯子肉鼓腾了；从羊尾巴上可以看出，尾巴上冒油气了；从羊粪上可以看出，那羊粪拉得像中药铺里的草药丸子，亮闪闪的；

从步态上可以看出，羊们走路都沉了，四根蹄子都打闪闪了。

很多年，我都能在乡下，看到羊在秋天肥硕的样子，它们的模样真是可爱。你若是第一次见识那些可爱的羊，你当然想不到它们怎样从去年冬里，到来年的春里、夏里，怎样努力地在乡下的天空下吃草，各式各样合时的草料，到了秋天，怎么几天不见，就肥得变了样儿了。每到秋里，我看到乡下的羊，脑海里就能闪回羊的一生，好比乡下的草木一生一般，不快不慢的，从青草，就变成草籽了，变成草根了，变成码得小山一般高的草垛子了。草垛子后头，圈着羊，圈着牛，羊的身前身后，牛的身前身后，是那些草成长的坡呀、沟呀、涧呀、林子呀，那些草呀，化成了活生生的血和肉，真真地来到我们眼前、手边，不知的人儿，你能想象么？很多年来，我都喜欢在乡下看到这样活生生的景象，羊从山坡上走过，它们唱着乡下最简单的歌谣：咩，咩，咩咩！或者合着牛对唱：哞，哞，哞哞！有时人也唱，音调同样简单，像叫雀子划过净净的半空，刺拉拉的；青乎乎的，像草坡一样，像庄稼林子一样。我喜欢在乡下吃上一口正经的草料活化出的血与肉，因为我总喜欢被羊们、牛们简单的歌唱击中，像一头困兽被麻醉枪击中，然后迷迷糊糊中闻到青草味，叫这草味染遍全部身心，然后眼睛明亮，身子骨重新有了力量。

雪下了，村子静了。守着老圈的羊，老的老，小的小，精壮的成羊都卖到城里去了，或镇里的汤锅上了。冬天在乡下野野的镇子上，人烟稠密的村庄上，一定有一个铺子，铺面前搭起了席帘的棚，席帘下是乡下的羊肉汤锅。两口大锅里滚着沸汤，方圆有名的老字号的老汤料，案板上备着各色配料：死面馍、锅盔馍、芫荽、胡椒面、油泼辣子、蒜头、葱花，等着有见识的人来欣赏，入眼；一个冬里，乡下四方的讲究的人，要瞅着日子，到汤锅铺里，吃上一大海碗羊肉汤。吃得热汗扑扑，相熟的人，边吹着冷气边揣摩这案子上、碗里的羊肉、羊杂碎是哪座山上的，哪道沟里的，是哪个大户的。守圈的羊，在天阴时，卧在圈里吃干草，吃黄豆壳子，吃萝卜缨子，它们半闭着眼，慢慢地嚼食，慢慢地回味往日的青草味，半闭的眼便看到远处的坡地下、田里，麦苗又青了，油菜正在发旺，它们的冥想中，一定也有着一片青乎乎的草坡的，草是才发旺出的，那是明年的饭场子哩。

海棠蜜

秦巴山区的蜜是很好吃的。在早吃蜜，只知道那些蜜是随了油菜花开、小麦花开，或者玉米花开酿成出来的。会吃蜜的一尝就知道，这是菜花蜜，这是麦花蜜，这是苞谷花蜜。

从川道地方到秦岭深处的宁陕县工作，一待就是八九年，对于吃蜜，终于大开了眼界。知道了世上最好的蜜都是长在森林里的，于是知道了什么是椴树蜜、槐花蜜、草药蜜、百花蜜。这些森林地带出产的天然蜜，比起早先吃过的川道上的庄稼蜜，不知好上了多少倍，真是一个天上一个地下，会吃蜜的人就说了：川道上的蜜，就是个红糖水，森林里的蜜才是神仙雨露啊。

从西安向南，走 210 国道，向四川方向去，要穿过秦岭。过秦岭的国道，就是走在森林里的。沿路夹道相伴的树，几乎都是高大的槐树，不知是修路时栽下的，还是自古就有的，也许是自古就有的。在秦岭里住久了，就知道槐在秦岭很普遍，有山有水的地方，就会有秦岭的槐树。它们成群成势，动辄就是一条槐树的沟，一面槐树的坡；有人烟的地方，就有槐树相伴，或野生的，或家植的。槐树撵着人活，这是秦岭山里的一个说法。有槐树，自然就出产了槐花蜜。在宁陕县，槐花蜜一直有着很好的名声，在宁陕吃蜜、买蜜，不消说，槐花蜜是首选。

秦岭里体形最大的天华山，方圆百多里的原始林带，槐树是大家族。进得天华山，眼见得最多最有气势的，就是槐树。它们像村庄一样，像古代的部落一样，长得集体壮观，在森林里格外霸势。天华山出产的槐花蜜，是宁陕好蜜中的头牌，说要买上好的蜜，在宁陕就无疑是指天华山蜜。天华山蜜干净，蜜甜得单纯，是老井里的深水，是河涧里的清水，是岩缝里的渗水，是老树脚下四季不乏不涸的“神仙药水”，这些形容还不确切，天华山蜜初尝是有烧谷草的香气，然后是甜味长了脚，从舌面滑走，溜冰似的，自己下喉，一勺天华山蜜下肚，你能感到那蜜是有生命的，是一双调皮而粉嫩的小手，拨弄你的五脏六腑。在秦岭深处工作、生活多年，吃蜜，就固执得只认槐花蜜，被宁陕的槐花蜜蛊惑着，旁的蜜都不算是蜜了。槐花蜜随秋凉冬冷结晶，随春天气温升高渐渐地融化，看到屋里的蜜化了，就知道春天来了。

离开宁陕多少年了，对于蜜，心里还是放不下天华山的槐花蜜。县里的朋友每每就捎带来一罐两罐、一瓶两瓶，给我解乡愁。去年年底，一位筒车湾镇的年轻兄弟到市上参加中青班培训，也给我带来一罐蜜，神秘地说，你尝尝，保准你想不到是什么蜜。我笑道，除了天华山蜜，宁陕还有什么好蜜呢？一尝就傻了！这蜜完全不同于经验中的天华山蜜！看颜色，是深红色，或更像是酒红色，不同于天华山蜜的金黄，时至秋末，那蜜已然结晶，拿到窗前迎着阳光细瞅，蜜的颗粒清晰可数，粒粒饱满，表面似有张力，在阳光下，深红渐渐变为金红，闪着滋润的光点，像阳光下冻了千年万年的老冰晶。尝了一小口，完全是浓郁的果香，像苹果香，也像木瓜香，还有几分葡萄香。那蜜香在舌尖上回味良久，久久不化，像是黏住了，然后慢慢渗透到喉咙里，化到整个身心，也化到我双眼发光的神色里了吧，问：这是什么蜜？答：海棠蜜！

年轻的兄弟是地道的宁陕后生。我在县上工作时，他还是政府办公室的小秘书。几年不见，竟执掌一方。这次到市上参加中青干部培训班，是提拔重用的前奏，我为他的进步高兴。更高兴的是，宁陕竟然还有这等上好的蜜，想自己在宁陕多年，竟然不知有海棠蜜，真有沧海桑田的隔世感了。

兄弟告诉我，这蜜是近几年才发展起来的，所以老领导不知道哩。于是，我知道了，这蜜产自筒车湾镇的海棠园村，故名海棠蜜。提到海棠园，我眼前立马现出那座深藏于大山之巅的小村庄。那是南秦岭中数一数二的汉江支流汶水河边一座高大的山，名高望山，站在汶水河看山，得仰视，昂立着脖子看半天，眼花了，也还看不清那山的全貌。通往山上有一条蜿蜒三十多里的山路，仅能通行小拖拉机，沿路都是深厚的林木，一路上没有一户人家，没有田地，就是各样的树木。上到山顶，眼见得豁然开朗，一处山顶小盆地出现在眼前，百十户人家，就或聚或散地坐落在盆底、盆帮、盆沿，与人户相伴的，是水田和坡地，面积都不太大，一眼就看得出这村人多地少，这就是海棠园村。

只是盆帮、盆沿上树木茂密，我脑子里又现出另一番景象，就是整个小盆地里沟沟岔岔、坡上、岭上，房前屋后，路边，水塘四周，山岬上，半坡林带里，长着无处不在的海棠树，四五月时节，海棠园里海棠花漫山遍野地开放着，真正开成了花的海洋，把这个季节其他植物，甚至田地、房屋全遮在海棠花海里了，海棠园村，是名副其实的海棠世界。

想起海棠园，这眼前的海棠蜜，一下子放大起来，放大到整个海棠园村了。海棠花开，蜜蜂飞舞，海棠园的蜂箱在海棠林下列阵，它完全颠覆了我对海棠园村的记忆，那个虽然有着海棠般的美丽、宁静，却又十分贫穷的山村：那些年，我们每年都会去海棠园，冬天去，春天去，四五月春荒不接时去，夏天防汛、防滑时去，去接济看望那些留守在家的老人、小孩，去慰问那年老无依的五保户。整个村子，在高高的山顶盆地间，无声无息，偶尔一两声狗吠，更显得村野的荒寂。青壮年都外出打工走完了，村子里只剩下老人、妇女、小孩和满山草木。

兄弟喜悦地对我说，海棠园变啦！如今的海棠园，作为县上的深度贫困村，中、省、市几个方面的力量，在这里集中进行精准扶贫工作。中办派下来扶贫工作队，专门包抓村上的产业发展。第一书记是位刚刚毕业的硕士生，人年轻又有热情，脑子很是灵光。人多地少的海棠园村，发展什么才能让远走异乡的游子重新回到自己的家园，海棠蜜有幸成了主角。

今年四月，我专程去海棠园采访，村上陪同我采访的第一书记很是精神，一脸的阳光，看得出来秦岭的阳光和风，海棠园的阳光和风已在他年轻的脸上镀上一层山地色，他黝黑的皮肤让人感到成熟和亲切。第一书记一路上如数家珍地介绍着他们的海棠树、海棠花、海棠蜜，他们的海棠蜂蜜合作社，他给我们指认着木瓜海棠、西府海棠、贴梗海棠、垂丝海棠，还有一些当地土名字的海棠，教我们辨识这些海棠细微的区别，就像在说着家里的亲人。为采访海棠园村，我来时是做了关于海棠的功课的，我知道第一书记讲的海棠，恰是中国有名的“海棠四品”，我也知道海棠在中国的花谱和植物谱中，有着花中神仙、花贵妃、花尊贵、国艳等等美誉，我还知道陆游有海棠句：“虽艳无俗姿，太皇真富贵。”张大千晚年画出《海棠春睡图》震动了画坛，但那些心情，我们都来不及体会，在这个温暖的四月，海棠园灿烂的阳光和我们的心情一样美好，海棠园的海棠千树万树繁花竞放，我们每过花树，都会遇到忙碌的蜜蜂在花间飞舞，偶尔扑上我们的脸庞。

与村蜂蜜专业合作社主任一照面，他似乎就认出了我，连声“老领导、老领导”地叫着，我也依稀想起前些年他的样子，那是我在海棠园村参加村上集体林产权制度改革动员会，他曾踊跃发言，给我留下很深的印象。宁陕农民人均林地超过五十亩。他说，那年他们家分得林地三百多亩，林地中有橡子树、白蜡树、棕榈树、杉树，还有大片的海棠林，如今他家的林子林下种天麻、猪苓，林间养蜂蜜，这些林子成了他家最大的财产。这位年过五十的乡下汉子，是国家实施精准扶贫后，第一批告别打工的异乡返乡创业的，他挑头组建起海棠园村的蜂蜜合作社，动员贫困户养起海棠蜜，眼下他家养有二百多箱，村上养得最少的家也有二十多箱。

合作社统一培训技术、统一生产标准、统一外销，农户分散养殖，每箱蜂农民能赚得一千元以上，合作社的销售收入还可以给大家分红，养得最少的户，一年能挣两万多元，当年就脱贫了。他说，北京下来的帮扶单位和县上帮助他们认证了海棠蜜，前些日子国家农业农村部还组织专家到县，给他们开了一个大会，说海棠蜜蜜源好，是国家提倡的优质农产品，要求县上抓好这个示范点。北京来的第一书记接过话说，海棠园蜂蜜合作社现在已发展到邻镇的一些高山村，那里也有很好的海棠蜜源，合作社规模扩大很快，过去外出打工的农民兄弟纷纷回来养蜂，只要勤劳，养一百箱海棠蜜就可以在家门口赚上七八上十万，是海棠蜜把曾经远走他乡的游子们的心勾回来了，海棠园村又美又富裕的日子不远了。

在这位年轻的第一书记眼中，我看到真诚的热烈，看到希望的光芒。这光芒就是这四月里的阳光，和阳光里飞舞的蜜蜂。我们坐在合作社主任家阳光灿烂的院坝里，也坐在蜜蜂飞舞扇起的细小的风中，喝着女主人沏的浓浓的蜂蜜茶，唇齿间弥漫着海棠蜜的清香，眼前青山如屏，天蓝如洗，海棠花开得正繁正香。

遍地绿茶

茶长在山上。茶也长在田里。山上的茶常见，田里的茶不常见。常见的茶，在山上长成了野茶、大茶，长成了可以制家什的茶树。不常见的茶，在田里长成了盆景、风景，植物的大毡子，也似植物的绿城垛。

田自古是用来种粮的，兴米兴藕的，在稻田里套养小鱼，泥鳅，不了就放了鸭苗，随稻一起长，稻成熟了，收成稻谷了，脱成白米了，那鸭、那鱼、那鳅正好就了新米吃。藕在暮春里种下深泥里，放一田清水泡成肥水，夏日里成全了莲叶，开全了雪白、粉红的莲花，成就了莲叶何田田的好景致。到了头秋，莲米熟了，采摘了与新米一起煮清水米汤吃，正好败夏火。到了冬里头一场霜，那藕就能起出吃用了，炒着吃、炖着吃、生啃了吃，都能吃出水田里的精华。

安康地界，四季分明，有土就长好庄稼，有水就养好人家，好人家必有几亩坡地、几坡山林，站在门前屋场上，一眼能望见自家的好田，大户人家一年的吃用，全凭了好田，打十几二十石谷子，稻谷陈放在谷囤里，慢慢舂着吃、磨着吃，好人家就是陈谷子烂米之家，有几抹子好田，日光就能过得齐展了。

安康的好水，源自一条好汉江，好汉江发枝似的伸出众多的河、沟、溪、湖、塘、堰，成全了安康的水色。有水有河的地方，就有了一抹一抹子的水田，水田长成了好庄稼，好庄稼也成就了好水的名声。有水专家到安康，看到安康的江水、河水，说这是中国最好的水了，他们在村子里看到溪涧里的水，说这是好水中的好水，看到老村子古古的井里的水，用桶打起来，用青花瓷碗舀起来喝，就不说话了，那老的井水，变成专家脸上的感动了。

水田长好米好藕，长稻花鱼、稻花鳅、稻花鸭，也长好茶叶。在早，安康的水田冬里是叫水驻着的，泡冬田、泡土、泡虫子、泡草、泡肥，如今却不泡水了，是叫茶园驻着，是茶的绿驻着了。过去说安康，就是米仓山、米粮川，现在说安康，就说茶，茶乡、茶窝子、茶篓子、茶镇、茶店、茶庄子、茶坡。安康的茶在清明上场，和水汽、下雨天一起上场，带着汉江上大大小小的河的清气上场，在晴和的天气里，炒制成神奇的一握儿，用同样晴和的沸水冲泡成一泓清碧，这就是陕南的颜色，安康的颜色了。

二十年前，我老家平利县的水田里，还只是兴稻兴藕的。二十年后的今天，全县十万亩绿茶，一半儿兴在田里。二十年前，我们在陕西交界湖北东南的一个镇子上搞水田起旱种茶，从三户带头人起步，如今去看满川的茶园，好像还是昨天的奇事。那时，干部帮着农户在田里挖茶带，抽排水沟，栽茶苗，覆地膜，农民就站在田坎骂干部作孽，好好的田起了旱，不种米种什么茶，那茶能当饭吃么！一个老派的村支书，指着县长的鼻子骂道：你会犯错误哩！ 你这是犯错误哩。 你这是败我们的家呀！ 其时，我站在县长的身后，看到老支书是真心在骂，骂得满眼泪花，最后甩出一句狠话道：我不死在前头，我就能看见你们犯错误。 骂得县长也眼含泪水，光顾得把泪花花往回忍，嘴里竟没有一句成整的回话。 村支书骂县长，县长像个大儿不敢吭一声。 这话，传了好多年。

二十年前，三户农民用了三年时间，在水田里兴起了三十多亩茶园，又过了三年，三十户农民在田里兴起了三百亩茶园。第一个十年过去了，这个镇上兴起了万亩新茶园，有水田的地方，能起旱的水田，都种上了茶。 二十年后的今天，最初的三户农民，建成了三个茶叶公司，三个裤脚沾泥巴的农家汉子，变成三个大老板，一镇的茶，都归公司管，万亩山茶万亩田茶，构成了一个茶镇：长安镇。

两山夹一川的长安镇，站在任何一个角度，看到的都只是茶园，山上是老茶园，山下是新茶田，从东到西二十里路长，从南到北两里路宽，绿得成建制的，都是茶。 坐车从高速公路上驶过，茶的园变成飞快移动的茶的带、茶的线条。 在镇子上走走，落下脚步，随便进到一家茶楼去，都可以喝到四季好茶。听主人家讲茶经，不小心就中了茶的蛊了，半天醒不过神是在今天，还是在神农尝百草兴种茶叶的年份。

长安镇名，来自朝秦暮楚的年月。 知道这个词，就该晓得长安镇。 这个名字，是与春秋战国齐着名的吧，是与秦始皇统一六国齐着名的吧！ 战火纷飞的年月，老先人赐“长安”于此，是想战火熄灭，自此长安，人民安乐，六畜兴旺，庄稼好收。 东去离镇十余里，一堵老城墙，一座老城楼，竖起两个省的分界。城是谓秦楚长城，它北自汉江边向南边的长江延伸去，不知有千几十里，在东南的这一截，还风雨完好着。关楼上有字迹曰：秦头楚尾。小地名儿叫“关垭子”，以东是湖北，以西是陕西。从城门洞穿过，往东，湖北的山上清一色松树林子，是十几二十年的新植，山下是大棚的农业，是武汉、十堰、襄阳的菜园子。往西，是陕西的山岭、川坝子，山上是杂树林子，一年四季分明，是千百年山树的老底子，川道水田一律种着绿茶。湖北那边的镇叫“堰”，陕西这边的镇叫“坝”，湖北那头叫口子镇，陕西这边叫边贸镇。陕西这边发展茶叶，湖北那边发展大棚蔬菜。好多年，两个地界儿比着劲发展。比如，某年某月某日，陕西省省长到长安镇视察，站在关楼上，看到湖北那边热闹着哩，就批评陕西的干部不加劲；越明年，湖北的省长就带了部委厅局的一干人，也上到关楼来视察，看见陕西田野里一派新绿，就批评湖北的干部不攒劲。多年竞争，一个关楼东西，陕西的长安坝成了国家明星镇，湖北的蒋家堰也爆出大名，《人民日报》曾刊文感慨，盛赞两省口子镇的擂台赛。

一年四季中任何一季，到长安镇去，第一眼是遍地绿茶，第二眼还是遍地绿茶。喝了春天的茶，脸上有花粉感。喝了夏天的茶，和夏天一样出一身透汗。喝了秋天的茶，就走不出茶的绿色了。

山上的老茶园，制出劲道十足的老山茶，适合于上了年纪的人喝，适合于喝工夫茶。用一个茶海，冲煎煎的开水泡了，焐了，几个合适的人慢慢喝，这样的茶能够喝醉，民间就叫醉茶。水田坝子里的茶，每年发旺早，讲究做明前茶，清明前十天，趁天气晴好就采摘上市，这样的茶叫作吃春，用小壶泡了，一一斟到小口盅里抿着喝，这叫茶艺。到了秋天了，山上的茶，田里的茶，都适合制秋茶。秋茶不讲究外相，只图口香。春茶香、夏茶烈，秋茶一口油炸雪。香的秋茶，是我的最爱，喝春茶是讲究，喝夏茶是健身，只有喝着秋茶，才知道茶是最家常的物什儿，是喝着亲情了，是喝着风情了。一杯秋茶，一轮半月，看秋的田野，心思都放下了，心里正好把四个季节都装进去了。

每年都要回到家乡去，回到长安坝子那一川的茶绿中去。看茶，看二十多年来长安镇的变化。也会想起二十年前村支书骂县长的一幕，那个老派的支书，如今还健旺着，成了远近有名的乡贤，有记者问到二十年前水田种茶的事，他总是笑道：我是支持的哩，支持的哩！

一块石头

秦岭的石头举世无双。从南到北，从东到西，清一色的灰色调的花岗岩。一座山就是一座花岗岩。完整，毫无分裂感。灰色调就凡常，我常常以为这犹如人的一生。在秦岭山中，一年年地生活下来，我更习惯称之为生存下来。在我刚到秦岭山中的那几年，几乎每年一场大灾：要么洪水，要么泥石流；要么毁了镇子，要么毁了县城。一点下车伊始叽里呱啦的激情，叫自然界的大灾给浇灭了。我又常是疑惑了：如此，我们竟然已经是在秦岭山中待了八九年了，时间也好，光阴也好，都是一眨眼的事情，它真实得有些假象，常常在当初入山的梦中醒过神来，不相信当下的一切已然是八九年后的事了。

花岗岩石质坚硬，也是举世无双的。它不像巴山中的粉包石、页岩、瓦板岩，可以轻易塑造、做出形状，岁月的风蚀也常常叫它们骨质松弛。秦岭山中的花岗岩，或者是裸露的，远远看去，灰色得发白，色彩亮眼；或者掩埋在林下。许多高大的树木竟然是扎根在花岗岩的群落上的，叫人有些想不通彻。花岗岩天生是用来做地基石的，或者砌成河堤。水冲不怕，天冻不怕，火烧不怕。在秦岭山中，村人的居房常常在墙角位置，一定是有半人高的石砌的围壁的，叫石脚，用来防雨浸，防风蚀，也防猪拱狗蹭。往往多少年过去了，老墙皮都已斑驳得沧桑，唯有石头的墙角依然有棱有角，铁器凿过的沟沟棱棱明显，好像是昨天才砌上去的。

山里过山堰的大渡水槽一般也是石头打制成。花岗岩石质紧密，极容易开成长石条。长大的石条再一点点凿成槽状，山水从槽中流过山涧，流到田地里，很是感动人。老的村子，比如百多年以上的老庄子，村街也是花岗岩的条石铺就的。挨近人家房后，或离山房不远的石岩边上，那里早阳午阴，一般适宜用来砌猪圈或牛栏，主要建筑材料是花岗石。秦岭老山里，早年大户人家置了田地，用石条砌成田坎，很贮水，旱涝保收。大户人家极讲究，在自家院墙里挖了水井，用了整块的花岗石凿成三尺见方的井圈，深不见底，那一井好水打上来就可以就着桶沿喝。早年天华山下有些大户人家出资打的公井，掩在树林或竹林里，很多已经废弃了，井水爆满，但也长满了青苔，牛羊都不喝了。那些老井，也是用花岗石砌成的，很是古气。

秦岭山中多有古道。现在的人喜欢把它们叫老路。早年修筑老路时，想必是极讲究的。比如，在山口、岔道、集镇、村落地方，会立些指路的石碑子，是花岗石凿成的，很有分量感，叫人必须相信它的说法。有些古道地段儿，早年的栈房、官驿，或发生过什么大事的地方，现在还能见到一些纪事的碑子。记载些大军过境，剿灭山贼的事件。也有记载地方官绅造福乡里的功德的。人烟稠的大地方，有节妇碑。我见过一通劝学和护林的碑子，有近百年历史了，那时的秦岭，一色的南山老林子，有此碑记，是难得的。上好的花岗岩石头凿成的石碑，内容得以清晰地保护下来，一点儿也不漫灭。这真是石头的功劳。

除了灰色调的花岗岩，秦岭山中还出产一种黑色花岗岩。不是大理石。却是花岗岩。极是珍贵。只是不好寻找它们的踪迹。往往看到有了露头矿了，赶紧挖进去，不小心就没有了。专家说，那是火山爆发时喷出的岩浆，冷却、深埋、挤压后的精品，有运气的采矿人或许才能挖得。这黑色的花岗石出口，能值得四五百元一平方米，比普通的大理石贵了近一倍多。近些年，先后有四五家客商进山来挖黑石头，没有一家挖成大器的。因是精品，大家都不死心，依然年年挖着。终于有了一家，在天华山脚下，挖出了整架山的，那山黑得肃穆，疑心当初火山爆发时，并未能喷得快意，只是咕嘟了几下便落实下来，数万年来，叫树林掩着，叫草棵子遮着，还是终于叫人找寻着了。那山如今已是成了大气，还未挖出，国外的订单已是签来。

在秦岭山中，认识了许多植物，也认识了许多石头。花岗岩，是可以作为人生参照物的。它有神性，比着这石头，你会静下心来。有时想自己或许是那精品的黑石头吧，渴望着出土，渴望着成了大名气。可回望四周，黑石头是少数，多数是灰色调的。自己浑身土渣气，也是地脚石的气象。灰石头在民间广泛存在，成为生存的一部分，普通而有人气。秦岭山中的一块石头，静气，长久地坚硬，可以做成你的一生，普通而很有性格。

南秦岭

从户县（今鄠邑区）、长安翻秦岭大梁，进入秦岭之南，地势明显缓慢起来。最扎眼的是林子，林子比秦岭北坡深透了许多，也更密匝。在北坡，当然是有林子的，可那林子你能数得清楚，什么树，多少棵，稍用了心思，就能弄得明白。故此很多到过秦岭以北，又到了秦岭以南的人，常常就迷惑了起来，同样的一座山，竟然如此地不同俗了，想造化真是了得，在秦岭，南北的变化，是没有第二座山可比的了！

由于山势的平缓，秦岭以南的面积比秦岭以北大了许多。印象是这样的：从关中平原向南进山，坐汽车很快就到了山根了，再一眨眼的工夫，就上到山顶了。从南北分水岭向南，便是漫漫的下坡路、上山路，也便进了茫茫的林子。那些林子叫林海也不为过，只是一层山接着一层山，一座山比着一座山的高，不知道山的尽头是在哪里穷尽的。西万公路早年是关中通巴蜀的要道，沿了秦岭最宽敞的谷地走，走一截沿河的路，便接着爬山，再下山，又是沿河走，再爬山，从西安到汉江谷地的安康大坝子，整整要用两天时间，起身和抵达都是不见天光的，很是遥迢。走在西万路上，常常思绪万千，四山高大，山下一条静谷，像回到唐朝，来往风景、人物皆有古气，看自己想历史，不知天高地厚了！

明清以前的地方志书上，把南秦岭一片地界称作“南山老林”，想来古人真是比我们今人会用词。一句话就说透了南秦岭的万般讲究。我常在秦岭山中走动，对老林子情有独钟。从数据上认识，这老林子中各类的植物竟然有两千余种，基本上穷尽了当下我们对存世植物的了解。它们或树木，或草本，或蕨类；或在临水的地方，或在缺少阳光照射的深林处。各种各样的苔藓类植物，更加显得南秦岭林相的老迈和悠远。植物学家见着这苔藓，比见着千年古木还欣喜，他们关于秦岭成长史的一串串说道，叫你不得不对秦岭越发地生出一番敬意。在老林子中，无论以什么样的姿态行走，都是在林梢以下的，即便站在秦岭大梁上，向下俯瞰，也只是一层层由近及远的树冠，变幻的、丰富的树冠，高低起伏着，向波浪滔天的尽头滚动而去。你以为你是站在最高处了，其实你回过头来，你头顶上还有着更高大的树木罩着你，宽大的枝叶把天空分割得风景如画，你永远只能比树矮小。穿行林中，水声、风声与树叶相互拍手的声音合在一起，似乎极容易地穿透着行者的胸腔，把人也变成一具音箱或通风的山谷，和着林中的气息一起回响，和森林一起深长起伏地呼吸了。

我所寄居多年的这片南山老林子，什么年间有了人的气息的，还真是难以从文字上得知。最早的成书的文字，怕也早不过隋唐去。依稀知晓的是，从那时起，南秦岭的一些要地，已经有了可以透视历史的遗迹渐渐地留存了下来。比如官道，比如要隘，比如歇住行商的栈房，也比如匪盗的山寨，如今很多还是可以看到的。我还依稀地知道，今天的汉中、安康、商洛、西安交界的边角地，在那时是几不管的地界的，出得土匪，藏得流民，每每造出些声名狼藉的响动来，叫朝廷大为光火。清以后，干脆就合了这几处野吊的地界，建了一个完整的县治了，这就是今天我寄居的县：宁陕，取了安宁陕西的意思。想想，很是有趣得很。最早进了山的，自然是官方和民间共同造成的大规模的移民。南山老林无土著。我一段时间研究了老林子的家族史，全部是外省移民。籍类众多：湖湘的，川广的，秦晋的，皖浙的，以湖川为多数，因此老林子人的口音，至今接近着川人和湖北佬，从关中进来，单听口音，就可判断是到了南方的。唯一例外的，只是挨近长安、户县的两三个乡镇，一半以上的人口，操关中和山西口音，查斯人的八代，基本上是这两地的移民，或世代相邻，通婚使然。于此，南山，已然不是关中以南的寓意了，其实正是南方的南，这与秦岭以北真正是错着两重天地的。

说到南秦岭的移民，最有嚼道的是散落在山间的一些老宅院。山里人将它们通称为“花房子”。这些老宅院，一般都不靠近官道修筑，而是坐落在秦岭大梁绵延下来的大小谷地里，一般又被山弯子裹着，或被老林子藏匿着，没有大道可通连。坐向极讲究，背山面水，进退有据。更奇的是，往往这样的大宅子，离得不远处，一定是有一处大山寨的，县志上都有记载。据说寨的主人，皆是南山一带的大名号，最有名的巨匪王三春，起家于汉中的镇巴县，从民国年间都是叫官家头疼的人物，跟国民政府打，也跟红四方面军打。有一年，四川军阀数路围攻红军的川陕根据地，王三春独成一路，也是唯独没吃亏的一路，以后流窜秦岭，在宁陕一带呼风唤雨了多年。宁陕地产的彭渔客，以在汶水河打鱼起家，抢了散兵的枪支，一度啸聚了三两千人马，占住天华山，或民或匪。年成好时，以种秦岭党参为主。脾气来了，动辄抢了官家的队伍，行商的盐巴或鸦片。秦党的有名，应当是在民国初年间起始的，彭大王的字号在西安城里也算垄断生意。入秋之后，人担马驮地从秦岭的山谷间，把货或进到长安，或进到户县，一路张扬地进到西安城了。彭大王的党参驮帮，用快枪队押着，威风地每每走到秦岭大梁上，要向西安方向或官道方向乱放一通枪，人便知道是彭大王来了。我至今弄不清，南秦岭山中的那些老宅院何以要与寨子紧连着。它们不怕遭了土匪的敌视吗！我不情愿这些老宅院是通匪的。作为南秦岭历史的见证，它们全无一丝匪气，规整的坐向、布局，筑造的气韵，艺术得只是叫人感叹，哪里与野性的匪类有一丝相似！

这些老宅院，一律的是石木老砖造成的。或一进的四合院，或两进甚至三进的四合院。墙体的基部，都是一人高的石墙，采自南秦岭中的灰色的花岗岩，或白色的花岗岩。石墙以上，接砌着秦汉风格的大青砖，门窗的边框也是整块的石头打制的。一些宅院的门窗干脆全部是石质的，窗框、窗格，都是石头。庭院中的廊柱，一律的是一人合抱而手胀的大木，用了南秦岭山中出产的土漆裹得结实。天井院子的铺陈，也是青石板，或嵌了云头格、万字格，或太极图案。水井，花坛，围廊的栏杆，也是石质的。朱漆或黑漆的大门外，台阶宽大，往往用了一两丈长、两三尺宽的白色大理石铺陈；大门口的石鼓或石狮子，也是用了白色大理石雕刻成的。住人的厅堂，地上铺陈着方砖。有几处宅子，在二进院或三进院竟然建有戏楼，至今残破而有弦音缭绕的气场。南秦岭的这些老宅院，以县治西北部为多，那里正好山势高大，远离东部的官道。进得山中，隔不了十余里地，便有一处。以老宅院为中心，四周总是散落着简陋的民居，形成村庄的气象。如今虽然早已物是人非，但架势犹在，向叩问者昭示着某些解不得的谜团。这些老宅院的主人，从目前可见的志书中，不可查找，那些古老发黄的南秦岭的历史气息中，已然嗅不见他们的一丝一缕。民间说法五花八门：有说退休官员逃避是非来山中隐居的；有说行商挣了大钱来山中避灾的；也有一种说法，是南地的土匪金盆洗手后进山销名匿号的。志书竟全不记载，我至今以为奇事！在天华山下的一处荒废的墓园内，我是见过一处碑石的，上面刻记着主人曾经跟随更显赫的主人起义有功，被朝廷封了个什么从五品的官，字迹漫灭，不知为何竟葬在了这南秦岭山中。离着这墓园不远处，也有一处老宅院，与别处一般，当地人也称作“花房子”。这花房子里，住着三四户山民，问他们房子主人的来历，皆说不清白，有说是自己祖先置下的，也有说是行商人遗留下的，反正土改后，无人住的空房子，就分给了他们几户，修修补补已经住了几十年了。老宅院十分老旧了，然而依然坚挺结实，丝毫不显败象。

宁陕老县城的城池外，一处四面环水的石岩上，坐落着一处保存完好的城隍庙。庙内城隍大殿对向着，是一处清代风格的戏楼子。民末以前，宁陕县城还是一处热闹的通衢之地，官、商、匪、兵，来往不绝；有记载的走码头的南北戏班子也多，有唱汉调二黄的，有唱关中桄桄的，也有唱上党梆子的，还有唱川戏的。湖湘地带的花鼓调对本地的民间曲艺的影响也甚明显，至今乡村年节时做唱的拜年社火中，唱功竟然是以花鼓调为主的，一派南边的作势，婉转而烦琐，如是红白喜事上唱，一本戏竟然能唱两个通宵。每年阴历的三月初八，城隍庙里做庙会，仅唱戏一个大节目，就引得许多远山人家，自带了干粮来听戏，一气竟能听得两三个白黑。这习俗绵延至今。宁陕老县城迁到关口现址，也不足百年，两河夹三山的地势，使它像极了一个山里驮夫担负重荷时用的“丫”形的打杵。就在这丫形中，却一度坐落着文庙、观音堂、龙王庙、火神庙，以及太乙书院等众多的寺、院，这些都是当地的文化场所，逢年过节都有戏曲演出。三十年前，这些寺、院还保存完好。秦岭西北部山中那些老宅院里的唱戏，无以想象，想必堂会的形式，听戏的自然不是一般百姓，他们中间没准儿就有从山上趁夜下山的大王，与主人自然极其熟络，一边喝着南秦岭山中的土酒，一边听着整本的大戏或折子小戏。天明时分，大王们披着残星没入林中。南秦岭的天地光阴又木然地翻过了一页。

在南秦岭有限的文字记载中，关于地方戏曲，我是极其注意过它的北路皮影班子的。早在清末，这些戏班子就出现了，大约是从关中引进的，主要活动于镇、柞、宁一带。说对它的注意，是它的戏路从北而来，又融进了南路兴安一带的水调的二黄味儿，所谓南北融合，略显北性。这就自成了一家，与南路的皮影有了区别。这班子的皮影造作本身精到，加之讲究唱功，说看皮影，不如说是听唱功，有如关中的秦腔大戏，在唱中体现领会与享受。它的戏是成本的，大多移接的秦腔的戏路子。年节时，大户人家讲究接戏过年，殷实人家更是讲究唱连本的，免费招待茶水，平时走动的邻里可以免费来听戏。如是大户人家过喜事，比如，老人做寿，随了份子的，不论多少、厚薄，既可以听戏，还管吃喝，穷人家可连续几天不下地，只把那戏听得迷糊而有精神。20世纪四五十年代，北边的皮影戏班子还十分活跃，也带了一批徒弟，宁陕县60年代成立文工团，主要骨干就是从北路班子系统来的。前些年，县里搞了一套地方文化集成，里面重要的章节，就是北路班子，录音记录下来的唱谱，听着有北地情怀，听后有南地风脉。那班子的戏箱子如今收藏在县文化馆，成了文物了。我曾经见过，手触之，尚有做唱人的体温，有大师气息。

行走南秦岭久了，不小心就被它的大气所感化。南秦岭是移民之地，移民讲当下，人生中了无羁绊。于是乎讲究吃用，讲究友朋，讲究待人接物的丰满。戏中常唱到具体的吃喝，比如前门迎客后门借米的洒脱；煮米汤、做发糕、烤谷子酒之类的俗常工艺中，反衬着竟表现了乡下的情爱。一个过路的青年货郎，因着借喝了一口茶水，与守家的小娘子竟摩擦出感天动地的一场风花雪月的大事，以至于小娘子相思成疾，茶饭不思，春天里树绿鸟鸣的热闹中，小娘子竟生不如死！由于南秦岭中的吃喝不再是单纯的吃喝了，那满桌子满碗的竟是山中陈酿了的文化。大块吃肉，大碗喝酒，今日有酒今日醉，明日无酒喝凉水。有钱不会用，等于塞了灶火洞。朋友多，金银窝。在山里，随便到一处人家，尤其是那些住居野吊，四无傍邻的人户，凭着你的一脸笑意，就能混得一顿吃喝的。我在山里工作多年，下到深山里时，喜欢随意地到一个中意的人家就伙。做什么吃什么。遇到什么吃什么。间或时间允许，主人多半会大操大办一气，理由很简单，都是请都请不来的客呀！腊月天里，下乡去慰问，多数时候会碰上人家杀过年猪，便经常吃刨汤肉，新鲜的还在发着颤的猪肉，爆炒了下酒，只需一回，便会对城里的肉食品了无兴趣了。南秦岭山大人稀，人户散落，门前门后，眼观处，都是自家领地，资源的丰富，也保障着收益的丰富，越发地造就了山里人超群的舍得观。与他们交上朋友，就是一辈子的死叩弟兄。这样看来，秦地人的冷倔劲儿，经了大山大水的浸泡，更加地有了自己的一份境界了，一辈一辈传承得久长。

在靠近古子午道的一处山谷间，据说三四百年前，移居过来一个湘西苗人的家族，至今部落的遗迹似乎还以石坎石寨的形式在原始老林子间显示着。但南山最早的志书并无记载。城隍庙每年正月城隍出巡的游街大社戏中，是有跳草裙舞的装扮的。袒露了上身，下身只围系着一袭草裙，直跳得比其他的装扮都活跃，嗷嗷作声，似乎已然招来了神灵。前些年地方文化工作者据此编排了草裙舞，在旅游演艺活动中演出，也是跳得满场鬼气。表现移民初入南秦岭的围山狩猎大型舞蹈，融进了今人对先辈的无穷想象，逢山开路，遇水架桥，与虎狼相搏，也是满场嗷叫，音乐对古代南秦岭气息的演绎，森然摄魄。而那些子午古道上的凌空栈道，盐马古道，三国以降的著名关隘，杨贵妃的荔枝道，以及众多的官驿野店，都渐渐地被后世人以旅游的名义开发着。南秦岭常常风声大作，比别处的山风格外不一样，它穿插于长林与深涧，高拔时，绝对地与秦地的长腔相仿；它常常阳光大作，并折射出别处不同的光彩，大块儿的，泼墨的，巨大的阴影与巨大的透亮，穿射过老林子如丝弦的光线，以及阳光下的大雨，层层叠叠的彩虹，又显见得南地的妩媚。到了南秦岭，一如南秦岭本身，一手揽了黄河，一手揽了长江，左耳是秦地的锣鼓声，右耳是南地的丝弦声，这样的诗人般的想象，常常会从一个普通的游者的胸中迸发，毫不叫人感到夸张和虚假。

亲爱的水

还没正经进入初夏，一些朋友就急不可耐地从城市来到山里。我屡屡告诉他们，现在这个季节，天寒水冷，并不是旅游的最好时候呵。朋友们还是来了。

冬天里落光叶子的树真正也才发出星星点点的苞芽，天地一片灰色调。森林是灰色的，村镇是灰色的。我以为朋友到后，回去的心情一定也是灰色调了。其实不然，朋友们是高兴的。

进入四月，秦岭经常叫细雨浸得潮湿，这样的季节很少能看到灰尘。同样的时间，在关中的大平原上，我们常常会叫疯狂的灰尘弄得心情不爽，你不知道这个世界是怎么了，那些灰尘起自何处，为什么在给人新的希望的春天，用灰色弄灰人心。秦岭山中的村道是湿软的，尽管灰色未褪，岑寂的万物，总归在与水分连接，渐渐地达到萌动的高度。朋友们每每说，挺好，山里的春天事实上比城里早。

心情是最好的理由。朋友们来得频繁了，被他们的情绪感染。久居山野之间，常常有不识庐山真面目的迟钝，以为自己的心情也是别人的心情。于是终于有一天，反倒被别人的心情击中，自己终于也在一瞬间开成一朵艳乍的花：最先进入春天的迎春、桃花、指甲花、刺瑰、地米，以及冬旺的园子里抽出的肥胖而笨拙的菜薹，它们抽出秆，再在头顶举起一朵鹅黄的花，那是一个信息，春天已经到了可以食用的时候了。所以，我对春天的切身感受，往往是从味觉开始的，嗅觉倒并不重要，真真切切的，春天从舌尖进入，全部身心都感受到了。

我们一定会常常并无预计地到几条著名的河流去。最西边的是蒲河。它从秦岭深处的天华山来。由于穿过原始森林，沿途的草甸子盛大，它的水清澈而流急。中部是汶水河。它徜徉，一派浩荡，很像早年致仕而归，或做了大生意回乡闲居的人物，气质所至，比土财主风光了许多。东边是池河。从子午道身边淌过，沿途古迹众多，人烟兴旺，往往一个大河湾，就是一个古老得找不到源头的自然村，它的风气也因此暧昧得很，总叫人想入非非。靠东北方向的，是洵河，水深滩多，盛产金沙和各色鱼类，流经四县汇入汉江，是秦岭山中一等的大河。这样的大河，很容易叫人感动。作为大地的血脉，秦岭山水高度概括的表达，它的发达的流动性，是可以对话的：智者或乡下荷锄的汉子，水边汲水的女人，一个渔者，一块五花的石头，或者一棵很老了的柳树，根茎强大。这些都可能得到它们语言与形体的回应。

从四月开始，朋友们在秦岭中，在河岸边，把自己打湿了。起初或许是疑惑的，如此清澈的水，映见风尘迷离的人脸，显得极不真实。不相信那水是可以触摸的。手伸进去，有丝绸般的感动。起初的浸凉渐渐被一种庄严的温暖取代。水滑过肌肤，细小的感触一点点的积累，直到一双手变成一簇水草。我喜欢常常嘲笑城里朋友那些已然被捂得雪白、蓝色的血管浅浅地透出表皮的脚，他们在脱下各类名牌的旅游鞋、颜色周正的袜子之后，暴露在阳光下，显得脆弱而小气。我鼓励他们在寒意犹存的四月，把赤裸的双脚，伸进河水中去，光线使这些城里的脚折射、放大、加厚，渐渐地成为一块石头。这样的情节应当说很是奢侈。清清的水，包裹着也曾奔走不堪的脚，水中的万千抚慰，进入皮下，毛孔扩张，这样的感受事实上并不能多得。女士们的夸张，因了河水的至亲至爱，被严重放大了：她们纤细的手，握成钵形，弓身去捧了河水，并无迟疑地喝进口去。她们在掬饮之时，把自己映照成了一个风景，面对河水的浸润，使她们体态毕露，线条和弧度极好地显出张力，透出难得的可爱。面对净水，真的是可以叫男男女女们也变得皎洁的，一切显得干干净净，一切关于秽物之类的想象极不可能产生，一切人与人之间的绞结摇曳成了簇簇水草，新鲜的水草，正在四月的春色中萌动不已。

关于由此而生发的一些奇异的想法，我并不掩藏。在四月的天光下，许多熟悉的或刚刚认识的人，会成为很长时间的朋友。我极喜欢“天光”这个词，模糊而具体，颇有质感，比阳光之类的词更有触摸意义，像乡下一地红艳的水萝卜，与土壤结合在一起，你的手可以伸向它们，如果愿意，拔出它们，连皮吃掉。我会记住一大片友好的面孔，这些面孔构成乡下生动的植物，如竹林，柳树棵子，长久地成为风景，或留居在心，或泊在桌案上，可以对话。不小心特别记住一些什么感动的话，可以视作苦难人生里一丝甜蜜的赐予。并不常有。深刻，宽广，具有启示意义。其中最温馨的那一部分，随春天一起生长，按春天的想法，长成非同一般的形意，给了我们常常回头一看的勇气。

四月晚些时候，秦岭深处以水命名的节日很灿烂地登场。此时的河水，是随了春天的温度一起升高的。上游的桃花水，略带一丝苦涩味，像某些中药的成分，清凉去火。人与河水充分接触，合二为一，人变成浪花本身，并不自觉地很快学会了水流的姿态。这个叫作“漂流”的节日，应当说并不十分准确，因为入水之后，怎么能够说是彻底的漂流？不是漂，也不是简单的流。无论是静水深流，还是滚开的浪花，抑或长长的懒散的浅滩，用一个“浸润”可能更确切些。河水把我们洗透，塑成尽可能多样的外形，并尽可能地帮我们褪去多余的装饰。从洗涤，再到洗礼，是我从漂流节中获得的意外。把这样的感受分享给朋友，获得同感的时候当然多，而且在如此深透的水中，放弃和矜持之类的词，更容易激起共鸣。河水干净，显出人世间的大清醒，我们的心思，在水中一律湿透、生动、鲜活。

每每从有河流的地方归来，一身的水汽，叫人想法清晰。不厌其烦地重复来往于一条又一条河流，在城里的朋友看来，是有大福气的。我不过多地夸张与我共同生活已久的河流，我只是坚信它的干净和纯正。朋友们总是会很快学着我的样子，面对河流，像个孩子匍匐向母亲的乳房，弓着身子，将水捧在手心，然后轻轻地喝进口里去。然后突然显得呆滞，望着河水，一言不发。

菜花强悍

对于油菜花，我一直有着亲人般的感觉。油菜花一生与人亲近，有村落的地方，必有油菜花。

小时候在老家寄住过三年。对于乡下的植物，记住的不是很多，居留在心并能说出的，便是油菜花。在那些玉米的糠糠皮皮填充肚皮的日子里，菜油，它应当是乡下玉米构成的凡常生活中的华彩部：玉米使村人的肠胃保持蠕动，蠕动产生耕作的力量和走过光阴的健康；油菜花带来滋润，启动凡常生活中温馨的那部分。油锅子，红锅子，是我在乡下学到的两个珍贵的词，一个代表富足，一个代表穷困。乡下生活的三年，一直叫我坚持记住了世上最好吃的食用油，来自油菜花的赐予。菜油使枯燥的日子升华。

在秦岭以南，每年的春天，汉江两岸的川道和丘陵，油菜花盛开的样子十分摄人魂魄。它们几乎是在一个晚间一齐盛开。事前毫无征兆。此前还是青乎乎的一片，第二天清晨，一片金黄色的露水，闪耀在阳光下，先是川道，继后是丘陵，不是小写意，而是大泼墨，是太阳研制的金粉调着露水涂抹到大地上，天地间呈现无限高贵的色泽，叫人想到幸福。

看到油菜花，我一直的观感是强悍。世上所有的花，都可以轻易地唱颂。只有油菜花不能。它的普通叫人常常视而不见，甚至并不把它划入花的一类，它只是庄稼中的一种。另一方面，它的入世，又如此汹涌。它的金色具有强烈的热度，你只能远远地看着，当你一定要走进它营造的海洋，你会强烈地过敏，既来自体质本身，更深入灵动的内心。如果看花，你看到的并不是那具体的、细小的花，而是一个整体。这正如我们平常人的一生，每一个个体都要淹没于人群。由于渺小而获得集体的认同，由于集体的光芒，每个人有了放射的可能。这就是油菜花，它的集群无与伦比，我们只能常常以无语与之对视。

因此，我固执地以为，油菜花是具备暴力倾向的。在四月，花期最繁盛之际，事实上，我们能够记住的只有一种颜色，那就是油菜花。世上没有哪一种花，可以这样以整体的形态占据春天的整个时空，使其他的花都失掉色泽。油菜花的天空，无论是晴朗，还是细雨霏霏，它的色彩一直在爆炸，像我们知道的太阳，把热量抛向空中，提醒我们远眺或仰望。甚至不能回避，入眼的油菜花，自此统摄你关于生命叩问的全部，进而深深地切进我们的凡常生活，形成自己难以改变的口味。

在我小时候的记忆中，与油菜花一起记住的，是我的三叔。他的威猛和强悍十分深刻。我现在记住他，常常是在一片熊熊火光的背景中。他赤裸了上身，油汗使他具有金属的质感。他挥动着一柄超过我少年想象的巨铲，在热气腾腾的两米多口径的大炒锅前翻动着锅内同样热气腾腾的油菜籽。然后是把油菜籽碾碎，箍成油饼，然后用了竹篾和棕缆抽紧油榨，发出骨节扭绞的吱嘎声。 然后四五个光膀子的汉子掀动油杵，高高地推向半空，再高高地甩落，砸向油榨。 此时，油榨槽内整齐挤压着的油饼，发出清脆的呻吟之声，油槽的下方，沥沥地下着菜油的小雨。

整整一个榨油期，我都在油坊里贪玩。 除了对三叔英雄般的敬仰，当然最大的诱惑是，我可以与工匠们一起，每天三顿享用新菜油炸制的油馍。 这不是一般的荣誉。 整个村子里，只有油匠才能够享用。 同时，我之所以记住三叔，正是我今天常常念记起他的原因，就是用火焰焙炒过的油菜籽榨出的油，已经成为远去的口味：它的纯正的香味，它的平和的性情，任何工业化下的油类都无可比拟。 正是依靠这种念记，我们常常回首的理由越加坚硬。

早些年，老家人喜欢种一种姜黄油菜，产量不高但出油率高。 适于种植，好的孬的都可以生长。 经过老油坊榨出油来，油性十足，但不上火，乡下人用它拌凉菜，可以与小磨香油媲美，又没有香油的腻香。 姜黄油菜开花十分艳乍，它的金黄堪比纯金，质感的丰富，竟让人感到极不真实。 它的花朵也大，可以近观，而远看，完全是金色的火焰在燃烧，在太阳光下跳跃。 如果你是细心的，也可以闻见油菜花海里分明是飘过来草木灰的焦香气息的。 这种成熟的气息，正可以接近生活。

在汉江川道，油菜的丰产，使油菜花成为一个节日。 尽管它们因为优良的选育，色泽已比我老家的油菜暗淡许多，仍不影响它们成长为节日：是蜜蜂的节日，它酿造着春天难得的甜蜜；是人群的节日，在现代榨油厂巨大的机器轰鸣的鼓动下，人们和油菜花一道用歌唱和舞蹈再现幸福。 每每置身节日之中，我都会想到老家的油菜，强悍的色泽，直逼我空阔的内心。

乡村音乐

水面的声音

一管竹笛在乡村黄昏时分吹响，先是虚无缥缈得近乎无声，需要细心地侧了耳朵去听，渐渐地，像是一阵小风从乡河的如镜的水面轻轻地划过，见过乡河里打夜鱼的柳叶子船，轻轻地划过鱼群上空的情景嘛，那多半无声而神秘的场景，会叫人想起如这轻漾的笛声的。喜欢乡村黄昏时分几近于无的声息，宛若来自天堂，它们是踩着小风来的，是打着萤火虫的小灯笼来的，是河岸上柳树的小剪刀叶子一开一合剪出来丝绸的声音的，或者就是一个心事重重的乡下女子吧，走过松软的田埂，那细细的脚步声。一双锄把磨粗糙了的农夫的手，一管用雪亮的镰刀削制而成的紫竹的笛子，偎在木讷的嘴唇边，怎么就发出清越得近乎天籁的声息呢？那音乐的碎屑，也是在渐渐萌动的月色中，向着晶莹的河面漂浮着，继而在水面上闪烁不停，一管竹笛，吹响了一河秋水，在乡下深沉着的睡梦中，淌过竹林，淌过白蜡树疯长的山弯。我常疑惑那笛，那声，并不是从一双普通的手指和普通的嘴唇间发出的，乡河夹在南山和北山之间，分明是乡河的笛横在山的嘴唇间的，发出着比水色更纯净的鼻息和梦呓呵。

火焰的声音

火焰是有声音的。它在笑。火焰笑着的时候，那就是说，第二天，一定有最亲的人上门来。多少次夜宿农家，与主人们围坐在火塘边，用天南海北、古往今来的新旧事情，打发漫漫长夜：其实，并不是为了打发内心的落寞，只是那火焰穿过了漆黑的村路，像一个不熄的火把，把我们彼此的心照亮了。我们必须坐在火焰的身边，它刚刚叫我们浑身暖和，我们得跟火焰说点儿什么，它是走了很久的长路的。火焰用它的声音与我们对话，乡下的土话，五谷丰登的事情，六畜兴旺的事情，村里生养与老人的事情。我们说过春天的事情了吗，火焰明显用噼啪作响的感慨，疯张地刮过最向阳的那片坡地，透过火焰，我们是能看清那新翻开的黑土垄里，多少的雪白的草根和蛐蛐在蠕动，种子正在我们腰间的篾笼里，闻到了家乡的新鲜的气息。我们说到夏天了吗，庄稼和野草一起簇拥着乡下明朗的天空，那火焰已然发出蓝中透绿的光芒，像是一群光着膀子的汉子，正要把一座山移走，我们感到有力的风正源源不断地吹向火塘了。我们说到秋天了吗，丰收叫乡下幸福得伤感，一定有一双老老的眼睛，噙满泪水，泪水让火焰忽闪不已。我们说到冬天了吗，此时，冬的长夜正如一只倦倦的猎狗，蜷缩在我们脚边，火焰是它那伸进伸出的舌头。主人说，今晚火笑得高兴。

青铜的声音

乡下用青铜代替自己说话，他们把欢乐与不快交给青铜。在他们用铁制的农具把泥巴变成粮食之后，心比铁软了，软得就是一块青铜。他们叫青铜变化着各样的表情，发出着各样的声音，高兴时，是抢天的暴雨，把乡下淋得透涨；苦闷时，是一头孤狼向天的长嗥，那一定是充满铜质的声音，穿过了窄狭的山谷，寻找着最后的出口；是洪水到来前急急的脚步吗，一片乱响之后，是水浪的滔天；是一片青黑的屋顶在阳光下的抒情吗，雨点打在上面，雪花落在上面，与阳光同时发出集会的声音。常常听到的是青铜的舌头，在风中的颤响，它是像着庄稼的身姿的，一行行一排排手拍着手，脸摩着脸，发出温暖的声音，或者干脆是粮食的颗粒落进囤子时那一阵孩童般的喧哗，不，是秋天快结束时，胚芽已经为着明年春天做着的萌动了，它们把自己的肤色涨成青铜的颜色，让整个囤子都不断地发出了坚定有力的光芒。我听到一片青铜之声在记忆的深处哭泣，那一定有巨大的灰尘，遮住了青铜的眼睛，它们要看到在乡下，在青铜成名的地方，无数等待和刚刚加入的青铜的队伍，它们闪动着各种人的表情，在村庄的背后，在庄稼的背后，在农家的火塘边，把最欢乐和最苦痛的事情敲打得山响。

血水的声音

熊熊的灶火把山泉水煮沸，满屋子弥漫着乡下期待的热烈，母亲的阵痛叫整个乡村都是屏住呼吸的。在此刻，同样沸腾的血水的呼啸正从最遥远的一条山路尽头响起，那里，树林、山崖、河流、土地和正在等待收割的庄稼们，都侧着耳朵，等待那一声啼哭。诞生于劳作之上的，在干净的泉水中浸润过的，与伟大的情感相似，是一棵壮硕的大树与一根缠绵的青藤交结着生死的，是一颗结实的种子在地下接足了地气的，它就要冲破血光，跃出一轮古老而又年轻的太阳来的，等待与迎接此刻成为乡下这静夜时分最伟大的仪式。母亲以痛彻的悲容向往着屋顶以外的天空，那里，群星闪耀，那一颗正要从她的子宫的地平线腾空而起，带着血色的光焰，把夜空照得通明。父亲的巨大欢乐是让他周身已然被火色的光亮包裹着的，他更像一头困兽吧，把胸腔中咆哮的欢乐，从头传到脚，从脚传到大地，整座的村庄都与他共鸣。一声响亮的啼哭，以光芒的形式，从农舍所有能够透见光亮的空间穿透而出，甚至古老的墙壁，都被这光芒浸透，房前屋后的森林已然燃烧着了，然后是一片伟大的沉静，乡下的神灵从光芒深处冉冉出场，它的光影狂热，涂抹四壁，祖先的面具正遮住欢乐，也遮住恐怖，艾蒿和松枝上蘸满早晨的清纯之露，向着乡下又一个血水滋养的儿子撒播，父亲的轮回如此清晰、触手可及啊，我们看到血的光芒，开始以水的形态，回落大地，质地如此肥沃、生动、有力。